SAMMLUNG GÖSCHEN BAND 902

DYNAMIK

Von

Prof. Dr. Wilhelm Müller, München

I

Dynamik des Einzelkörpers

Mit 48 Figuren

Zweite, verbesserte Auflage

Walter de Gruyter & Co.

vormals G. J. Göschen'sche Verlagshandlung / J. Guttentag, Verlagsbuchhandlung / Georg Reimer / Karl J. Trübner / Veit & Comp.

Berlin 1952

Archiv-Nr. 11 09 02
Satz: Walter de Gruyter & Co., Berlin W 35
Druck: A. W. Hayn's Erben, Berlin SO 36
Printed in Germany

Inhaltsverzeichnis

Literatur (Auswahl)

1. Zur Vektorlehre

R. Gans, Einführung in die Vektoranalysis, Leipzig 1929
A. Hofmann, Einführung in die Vektorrechnung, München 1951
M. Lagally, Vorlesungen über Vektor-Rechnung 1934
E. Lohr, Vektor- und Dyadenrechnung, Berlin 1939
A. Lotze, Vektor- und Affinor-Analysis, München 1950

2. Zur Dynamik (einschl. Statik)

d'Alembert, Traité de Dynamique. Paris 1743
Euler, L., Theoria Motus corporum solidorum seu rigidorum ex primis nostrae cognitionis principiis ... (1765), Opera omnia, Ser. II, Vol. 3, Zürich 1948
Föppl, A., Vorlesungen über technische Mechanik I, II, IV, VII, München u. Berlin 1938—43
Föppl, L., Aufgaben aus der techn. Mechanik, München u. Berlin 1930—32
Grammel, R., Der Kreisel, 2 Bde., Berlin, Göttingen, Heidelberg 1950
Hamel, G., Elementare Mechanik, Leipzig 1922
— Theoretische Mechanik, Berlin, Göttingen, Heidelberg 1949
Heun, K. Lehrbuch der Mechanik, 1. Teil, Leipzig 1906
Jaumann, G., Bewegungslehre, Leipzig 1904
Kaufmann, W., Einführung in die technische Mechanik, Berlin 1949
Klein, F., Sommerfeld, A., Theorie des Kreisels, Bd. I—IV, Leipzig 1910
Lagrange, J. L., Mécanique analytique, I., Paris 1788
Lorenz, H., Lehrbuch der technischen Physik, Bd. I, Berlin 1924
Love, A. E. H. (Polster), Theoretische Mechanik, Berlin 1920
Marcolongo, R. (Timerding), Theoretische Mechanik, Leipzig-Berlin 1911—12
Newton, I., Philosophiae naturalis principia matematica, London 1686 Neudruck 1938
Nielsen, J., Vorlesungen über elementare Mechanik, Berlin 1935
Pöchl, Th., Einführung in die analytische Mechanik, Karlsruhe 1949
— Lehrbuch der technischen Mechanik, I. Bd., Berlin 1949
Routh, E. J. (Schepp), Dynamik der Systeme starrer Körper, I. u. II., Leipzig 1898
Schaefer, C., Prinzipe der Mechanik, Berlin u. Leipzig 1910
Sommerfeld, A., Vorlesungen über theoretische Physik, I. Bd., Wiesbaden 1949
Thirring, H., Einführung in die klassische Mechanik, Berlin 1948
Troost, A., Leitfaden der techn. Mechanik, Göttingen 1949
Voigt, W., Elementare Mechanik, 2. Aufl., Leipzig 1901
Wolf, K., Lehrbuch der technischen Mechanik starrer Systeme, Wien 1931

Einleitung

Die Dynamik als Lehre von den Bewegungen und den Kräften gehört zur allgemeinen Mechanik, die als natürliche Grundlage sowohl der theoretischen Physik als auch der wissenschaftlichen Technik anzusehen ist. Sie ist im Sinne Kants eine Erfahrungswissenschaft, die wie jede Naturwissenschaft von gewissen, formalen apriorischen Prinzipien, teils anschaulicher, teils logischer Natur beherrscht wird. Zu diesen gehören z. B. die auf Raum und Zeit sich beziehenden Gesetze, u. a. die Grundsätze der Homogenität, Isotropie und Kontinuität von Raum und Zeit, ferner die Prinzipien der Klassifikation, der Zerlegung und Zusammensetzung und der kausalen und funktionalen Verknüpfbarkeit der Erscheinungen usw.

Man pflegt die Dynamik oder Bewegungslehre der sog. Statik gegenüberzustellen als der Wissenschaft von den mechanischen Gleichgewichtsgesetzen. Einige wichtige statische Grundsätze sind im folgenden kurz zusammengestellt worden, soweit es zum Verständnis der Bewegungsverhältnisse erforderlich ist; im übrigen werden die elementaren statischen Methoden als bekannt vorausgesetzt.

Je nach dem Charakter des Aggregatzustandes der sich bewegenden Körper kann man die Dynamik starrer Gebilde, die Elastodynamik und die Hydrodynamik unterscheiden. Im folgenden soll im allgemeinen von der inneren Beweglichkeit der Körperteilchen abstrahiert und die Voraussetzung der Starrheit zugrunde gelegt werden. Wenn man damit in einen gewissen Gegensatz zu der Wirklichkeit tritt, so muß andererseits hervorgehoben werden, daß nur die Kenntnis ideal-starrer Körper eine Beurteilung der inneren oder elastischen Vorgänge gestattet. Die Dynamik des strömenden Mediums, das eine unbegrenzte Formelastizität besitzt, gründet sich denn auch in ihrem methodischen Aufbau durchaus auf die allgemeine Dynamik. Selbst die Elektrodynamik ist ohne die fundamentale Mechanik starrer Systeme nicht zu begründen.

Wenn man die Abstraktion noch weiter treibt, und auch von der Masse absieht, so gelangt man zur Vorstellung rein geometrischer Bewegungsvorgänge oder zur geometrischen Kinematik. Damit hat man dann die Wirklichkeit so vereinfacht, daß sie für eine erste Untersuchung und für eine mathematische Fassung klar übersehbar ist.

Die Methode der Dynamik besteht im Grunde in nichts anderem, als im Ausbau solcher idealer Ersatzvorstellungen oder mathematischer Bilder oder Bildersysteme, die den wirklichen Erscheinungen eindeutig zugeordnet werden können und deren Konsequenzen mit den beobachteten Tatsachen im Einklang stehen.

Als ein solches mathematisches Elementarbild, das die gesamte Physik beherrscht, hat sich vor allem der Vektor bewährt, der eine gerichtete Stellung und Größe im Raume bezeichnet oder als Vektor zweiter Stufe eine Zuordnung solcher Richtgrößen vermittelt und daher unmittelbar mit dem Begriff der Bewegung zusammenhängt. Der Gebrauch der für Vektoren und Dyaden oder Tensoren ausgebildeten Operationsregeln wird nicht nur zur Veranschaulichung der dynamischen Vorgänge, sondern auch zur wesentlichen Vereinfachung des mathematischen Hilfsapparates beitragen.

I. Mathematische und statische Grundlagen

1. Kapitel

Die Grundoperationen der Vektorrechnung

1. Begriff des Vektors und seine Zerlegung. In der Physik unterscheidet man ungerichtete oder skalare Größen (Temperatur, Energie, Zeit usw.), die nur durch eine einzige Zahl gekennzeichnet sind, und gerichtete oder Vektorgrößen (Kraft, Geschwindigkeit usw.), die neben der Größe noch eine bestimmte Richtung im Raume haben und durch eine gerichtete Strecke darstellbar sind. Dabei sehen wir zunächst von der Lageeigenschaft ab, d. h. wir betrachten zwei Vektoren als gleichwertig, wenn die darstellenden Strecken, in den gleichen Anfangspunkt verschoben, vollständig zur Deckung kommen. Wir werden die Vektoren mit gotischen (deutschen) Buchstaben, gelegentlich auch, wenn kein solcher Buchstabe zur Verfügung steht, mit waagerechtem Strich bezeichnen.

Als rein geometrischen Vektor betrachten wir z. B. den auf einen festen Anfangspunkt O bezogenen Ortsvektor des Punktes P, der durch die von O nach P gezogene Richtstrecke $\overline{OP}$ dargestellt wird (Fig. 1). Denken wir uns durch O ein rechtwinkliges Bezugssystem x, y, z gelegt, das so orientiert sein möge, daß die auf kürzestem Wege erfolgte Drehung der x-Achse in die y-Richtung in Verbindung mit der Bewegung in der z-Richtung einer Rechtsschraube entspricht, und bezeichnen wir den Ortsvektor mit $\mathfrak{r}$, seinen Absolutbetrag mit $r = |\mathfrak{r}|$ und seine Projektionen auf die Koordinatenachsen (Ko-

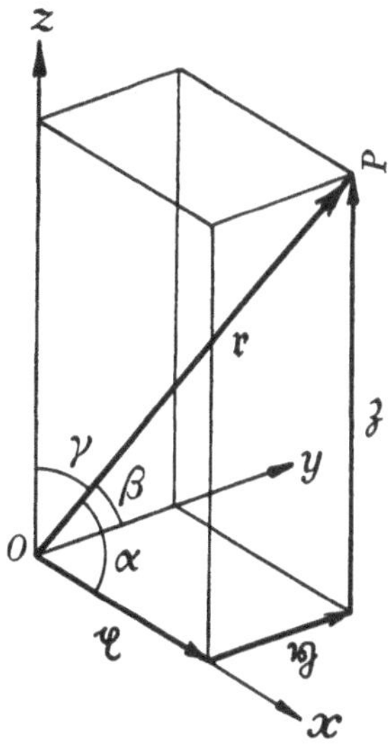

Fig. 1

ordinaten von P) mit x, y, z, ferner die Richtungswinkel mit den Achsen mit α, β, γ, so ergeben sich folgende Beziehungen:

$$(1) \quad r^2 = x^2 + y^2 + z^2; \cos\alpha = \frac{x}{r}, \cos\beta = \frac{y}{r}, \cos\gamma = \frac{z}{r},$$
$$\cos^2\alpha + \cos^2\beta + \cos^2\gamma = 1.$$

Man kann auch die „Komponenten" des Vektors $\mathfrak{r}$ als Vektoren auffassen und setzen

$$|\mathfrak{x}| = x; \; |\mathfrak{y}| = y; \; |\mathfrak{z}| = z.$$

Führt man noch die in die Achsenrichtungen fallenden Einheitsvektoren i, j, k ein, so lassen sich die drei Komponentenvektoren als Produkte einer richtungslosen, skalaren Größe (Maßzahl) mit einem Einheitsvektor darstellen

$$\mathfrak{x} = x\mathfrak{i}; \; \mathfrak{y} = y\mathfrak{j}; \; \mathfrak{z} = z\mathfrak{k}.$$

2. Addition. Wenn man die Wegstrecken $\mathfrak{x}, \mathfrak{y}, \mathfrak{z}$, von 0 ausgehend hintereinander zurückgelegt denkt bei entsprechender Parallelverschiebung der Komponenten, so gelangt man wieder in den Punkt P. Bezeichnet man diese Operation der Aneinanderlegung von Vektoren zu einem fortlaufenden Streckenzug als Addition (Umkehrung der Zerlegung), wobei die Richtstrecke vom Anfangspunkt zum Endpunkt als Summe zu gelten hat, so gelangt man zu der Gleichung

$$(2) \qquad \mathfrak{r} = x\mathfrak{i} + y\mathfrak{j} + z\mathfrak{k}.$$

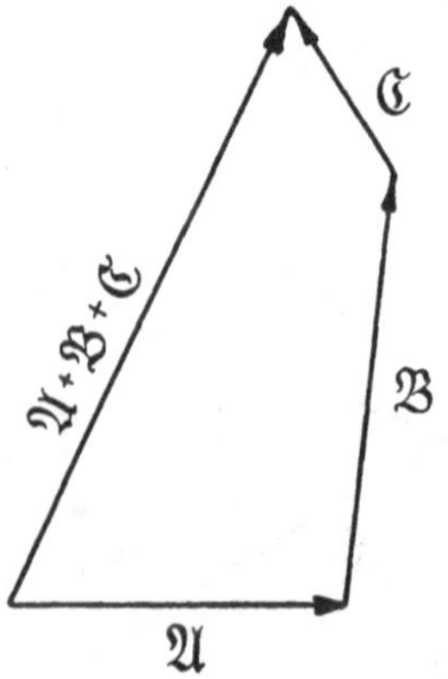

Fig. 2

Für den allgemeinen Fall der Addition beliebig vieler Vektoren $\mathfrak{A}$, $\mathfrak{B}$, $\mathfrak{C}$ gilt das kommutative und assoziative Gesetz, die in den Formeln

$$(3) \qquad \mathfrak{A} + \mathfrak{B} = \mathfrak{B} + \mathfrak{A}$$

$$(4) \quad (\mathfrak{A} + \mathfrak{B}) + \mathfrak{C} = \mathfrak{A} + (\mathfrak{B} + \mathfrak{C})$$

enthalten sind. Bei der Differenzbildung hat man die Richtung des zu subtrahierenden Vektors umzukehren und dann wie bei der Addition zu verfahren. Wenn man diese Additionsregel auf zwei oder mehrere Kraftvektoren anwendet, die etwa in einem Punkt eines Körpers angreifen, so gelangt man zu dem bekannten Gesetz vom Parallelogramm bzw. Polygon der Kräfte, das in der Statik ausgiebig benutzt wird.

Bezeichnet man allgemein die Komponenten des Vektors $\mathfrak{A}$ mit A_x, A_y, A_z und entsprechend die Komponenten eines zweiten Vektors $\mathfrak{B}$, so erhält man

$$(5)\quad \mathfrak{A} + \mathfrak{B} = (A_x + B_x)\mathfrak{i} + (A_y + B_y)\mathfrak{j} + (A_z + B_z)\mathfrak{k}.$$

Daraus sieht man z. B., daß die Komponenten einer Vektorsumme durch skalare Addition der gleichgerichteten Komponenten der Vektorsummanden zu berechnen sind.

3. Skalare Multiplikation. Unter dem inneren oder skalaren Produkt zweier Vektoren $\mathfrak{A}$ und $\mathfrak{B}$ versteht man das Produkt der Vektorbeträge mit dem cos des von ihnen eingeschlossenen Winkels $\mathfrak{A}, \mathfrak{B}$. Bezeichnen wir diese Operation durch einen Punkt zwischen den Faktoren, so gelangt man zu der Gleichung

$$(6)\qquad \mathfrak{A} \cdot \mathfrak{B} = AB \cos(\mathfrak{A}, \mathfrak{B}).$$

Für jedes innere Produkt gilt das kommutative Gesetz

$$(7)\qquad \mathfrak{A} \cdot \mathfrak{B} = \mathfrak{B} \cdot \mathfrak{A}.$$

Es verschwindet, wenn einer der Faktoren Null ist oder aber, wenn beide Vektoren aufeinander senkrecht stehen:

$$\mathfrak{A} \perp \mathfrak{B} \quad \text{gibt} \quad \mathfrak{A} \cdot \mathfrak{B} = 0.$$

Im besonderen ergibt sich für die Einheitsvektoren eines Dreibeins

$$(8)\quad \mathfrak{i} \cdot \mathfrak{i} = 1,\ \mathfrak{j} \cdot \mathfrak{j} = 1,\ \mathfrak{k} \cdot \mathfrak{k} = 1;\ \mathfrak{i} \cdot \mathfrak{j} = \mathfrak{i} \cdot \mathfrak{k} = \mathfrak{j} \cdot \mathfrak{k} = 0.$$

Ebenso gilt das distributive Gesetz

$$(9)\qquad \mathfrak{A} \cdot (\mathfrak{B} + \mathfrak{C}) = \mathfrak{A} \cdot \mathfrak{B} + \mathfrak{A} \cdot \mathfrak{C}.$$

Drückt man das Produkt in den Komponenten aus, so hat man mit (8)

$$(10)\quad \mathfrak{A} \cdot \mathfrak{B} = (A_x\mathfrak{i} + A_y\mathfrak{j} + A_z\mathfrak{k}) \cdot (B_x\mathfrak{i} + B_y\mathfrak{j} + B_z\mathfrak{k}) = A_xB_x + A_yB_y + A_zB_z.$$

Aus dieser Komponentendarstellung folgt auch ohne weiteres für die Differentiation nach einem skalaren Parameter, z. B. nach der Zeit,

$$\text{(11)} \qquad \frac{d}{dt}(\mathfrak{A}\cdot\mathfrak{B}) = \mathfrak{A}\cdot\frac{d\mathfrak{B}}{dt} + \mathfrak{B}\cdot\frac{d\mathfrak{A}}{dt}.$$

4. Vektorprodukt. Denkt man sich die beiden Vektoren $\mathfrak{A}$ und $\mathfrak{B}$ in einen Punkt verschoben und in ihrem Schnittpunkt eine Senkrechte errichtet, die der Maßzahl des von $\mathfrak{A}$ und $\mathfrak{B}$ gebildeten Parallelogramms, also $AB\sin(\mathfrak{A},\mathfrak{B})$ gleich sein möge, so soll dieses Lot das äußere oder Vektorprodukt

$$\mathfrak{C} = \mathfrak{A}\times\mathfrak{B}$$

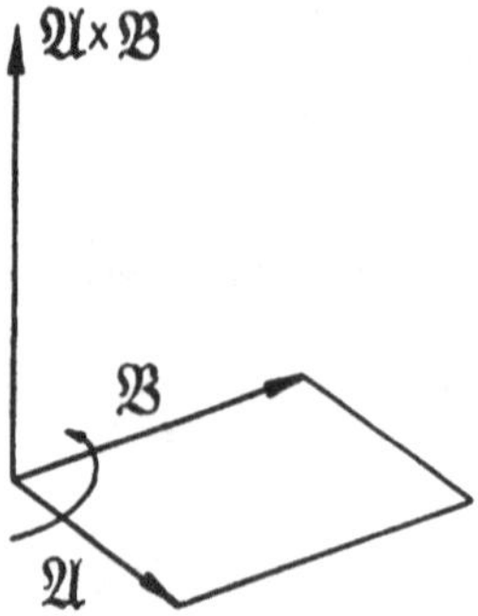

Fig. 3

der Vektoren $\mathfrak{A}$ und $\mathfrak{B}$ heißen, wenn man den Richtungssinn so festlegt, daß die Reihenfolge $\mathfrak{A}$, $\mathfrak{B}$, $\mathfrak{C}$ ein wie oben definiertes Rechtssystem ausmacht (Fig. 3). Aus der Definition folgt ohne weiteres

$$\text{(12)} \qquad \mathfrak{A}\times\mathfrak{B} = -\mathfrak{B}\times\mathfrak{A},$$

d. h. die Änderung des Vorzeichens des Produktes bei Vertauschung der Faktoren. Für das Vektorprodukt also hat das kommutative Gesetz keine Gültigkeit mehr, während das distributive Gesetz, wie man leicht einsieht, bestehen bleibt. Im besonderen hat man für die Einheitsvektoren

$$\text{(13)} \qquad \mathfrak{i}\times\mathfrak{i} = \mathfrak{j}\times\mathfrak{j} = \mathfrak{k}\times\mathfrak{k} = 0;\ \mathfrak{i}\times\mathfrak{j} = \mathfrak{k},\ \mathfrak{j}\times\mathfrak{k} = \mathfrak{i},\ \mathfrak{k}\times\mathfrak{i} = \mathfrak{j}.$$

Wir erhalten damit folgende Zerlegung in Komponenten:

$$\text{(14)} \qquad \mathfrak{A}\times\mathfrak{B} = (A_x\mathfrak{i} + A_y\mathfrak{j} + A_z\mathfrak{k})\times(B_x\mathfrak{i} + B_y\mathfrak{j} + B_z\mathfrak{k})$$
$$= (A_yB_z - A_zB_y)\mathfrak{i} + (A_zB_x - A_xB_z)\mathfrak{j} + (A_xB_y - A_yB_x)\mathfrak{k}$$

oder in Determinantendarstellung

$$\mathfrak{A} \times \mathfrak{B} = \begin{vmatrix} \mathfrak{i} & \mathfrak{j} & \mathfrak{k} \\ A_x & A_y & A_z \\ B_x & B_y & B_z \end{vmatrix} . \tag{15}$$

Aus der Anwendung dieser Gesetze leitet man leicht folgende Formeln für zusammengesetzte Produkte her:

$$\mathfrak{A} \cdot (\mathfrak{B} \times \mathfrak{C}) = \mathfrak{B} \cdot (\mathfrak{C} \times \mathfrak{A}) = \mathfrak{C} \cdot (\mathfrak{A} \times \mathfrak{B}) = \mathfrak{A} \times \mathfrak{B} \cdot \mathfrak{C} \text{ (Vertauschungssatz)} \tag{16}$$

$$\mathfrak{A} \cdot (\mathfrak{A} \times \mathfrak{B}) = 0 \tag{17}$$

$$\mathfrak{A} \times (\mathfrak{B} \times \mathfrak{C}) = \mathfrak{B}(\mathfrak{A} \cdot \mathfrak{C}) - \mathfrak{C}(\mathfrak{A} \cdot \mathfrak{B}) \tag{18}$$

$$\mathfrak{A} \times (\mathfrak{B} \times \mathfrak{C}) + \mathfrak{B} \times (\mathfrak{C} \times \mathfrak{A}) + \mathfrak{C} \times (\mathfrak{A} \times \mathfrak{B}) = 0 \tag{19}$$

$$(\mathfrak{A} \times \mathfrak{B}) \cdot (\mathfrak{C} \times \mathfrak{D}) = \mathfrak{A} \cdot \mathfrak{C}\mathfrak{B} \cdot \mathfrak{D} - \mathfrak{A} \cdot \mathfrak{D}\mathfrak{B} \cdot \mathfrak{C} \tag{20}$$

(16) folgt ohne weiteres daraus, daß alle drei Ausdrücke geometrisch als Volumen des aus den Vektoren $\mathfrak{A}$, $\mathfrak{B}$, $\mathfrak{C}$ gebildeten Parallelpipeds gedeutet werden können. Der Vergleich des ersten und letzten Ausdrucks zeigt, daß man die beiden Zeichen für das äußere und innere Produkt vertauschen kann. Die Formel (20) leitet sich aus (18) durch Anwendung des Vertauschungssatzes her.

Für die Differentiation gilt wieder die Regel

$$\frac{d}{dt}(\mathfrak{A} \times \mathfrak{B}) = \frac{d\mathfrak{A}}{dt} \times \mathfrak{B} + \mathfrak{A} \times \frac{d\mathfrak{B}}{dt} . \tag{21}$$

5. Dyadisches Produkt. Wenn man die Multiplikation des skalaren Produktes $\mathfrak{r} \cdot \mathfrak{A}$ mit dem Vektor $\mathfrak{B}$ in der folgenden Art

$$\mathfrak{r} \cdot \mathfrak{A}\mathfrak{B} = \mathfrak{r} \cdot (\mathfrak{A}\mathfrak{B})$$

aufteilt, so kann man die ohne Zeichen geschriebene Verbindung $\mathfrak{A}\mathfrak{B}$ als unbestimmtes oder dyadisches Produkt auffassen, das mit dem Vektor $\mathfrak{r}$ skalar multipliziert wieder einen Vektor liefert, der in diesem Falle mit $\mathfrak{B}$ gleichgerichtet ist

$$\mathfrak{r} \cdot \mathfrak{A}\mathfrak{B} = \mathfrak{r}' \text{ (parallel } \mathfrak{B}) .$$

Es ist bemerkenswert, daß für dieses dyadisches Produkt, wie man unmittelbar sieht, das kommutative Gesetz nicht mehr gilt, daß also

$$\mathfrak{r} \cdot \mathfrak{A}\mathfrak{B} \neq \mathfrak{r} \cdot \mathfrak{B}\mathfrak{A}, \tag{22}$$

daß dagegen das distributive Gesetz

$$(23) \qquad \mathfrak{A}(\mathfrak{B}_1 + \mathfrak{B}_2) = \mathfrak{A}\mathfrak{B}_1 + \mathfrak{A}\mathfrak{B}_2$$

auch hier wieder zutrifft.

Das Wesentliche der Dyade, die wir allgemein mit großen griechischen Buchstaben, z. B. Φ bezeichnen wollen, ist nun darin ausgesprochen, daß sie vermöge der Gleichung

$$(24) \qquad \mathfrak{r}' = \mathfrak{r} \cdot \Phi = \mathfrak{r} \cdot (\mathfrak{A}\mathfrak{B})$$

eine lineare Zuordnung zweier Vektoren $\mathfrak{r}$ und $\mathfrak{r}'$ oder eine affine Abbildung des Raumes $\mathfrak{r}$ in den Raum $\mathfrak{r}'$ vermittelt. Die Verbindung $\mathfrak{r} \cdot \Phi$ nennt man auch eine lineare Vektorfunktion von $\mathfrak{r}$. Die Umkehrung, d. h. die Auflösung der Gleichung (24) nach $\mathfrak{r}$ führt mit

$$(25) \qquad \mathfrak{r} = \mathfrak{r}' \cdot \Phi^{-1}$$

zur sog. reziproken Dyade Φ^{-1}.

Es läßt sich nun zeigen, daß jede Dyade, die allgemein die Darstellung $\Phi = \Sigma \mathfrak{A}_i \mathfrak{B}_i$ zuläßt, auf die Summe von drei dyadischen Produkten mit vorgegebenen Linksfaktoren ($\mathfrak{A}$) oder vorgegebenen Rechtsfaktoren ($\mathfrak{B}$) zurückgeführt werden kann.

$$\Phi = \mathfrak{A}_1\mathfrak{B}_1 + \mathfrak{A}_2\mathfrak{B}_2 + \mathfrak{A}_3\mathfrak{B}_3.$$

Wenn man Links- und Rechtsfaktoren vertauscht, so erhält man die konjugierte Dyade

$$\bar{\Phi} = \mathfrak{B}_1\mathfrak{A}_1 + \mathfrak{B}_2\mathfrak{A}_2 + \mathfrak{B}_3\mathfrak{A}_3.$$

Man sieht dann, daß

$$(26) \qquad \mathfrak{r} \cdot \Phi = \Psi \cdot \mathfrak{r}$$

ist. In der Komponenten- oder Neunerform haben wir folgende Darstellung:

$$\Phi = (A_x \mathfrak{i} + A_y \mathfrak{j} + A_z \mathfrak{k})(B_x \mathfrak{i} + B_y \mathfrak{j} + B_z \mathfrak{k}) = A_x B_x \mathfrak{i}\mathfrak{i} + A_y B_y \mathfrak{j}\mathfrak{j} + A_z B_z \mathfrak{k}\mathfrak{k} + A_y B_z \mathfrak{j}\mathfrak{k} + \cdots = a_{11}\mathfrak{i}\mathfrak{i} + a_{22}\mathfrak{j}\mathfrak{j} + a_{33}\mathfrak{k}\mathfrak{k} + a_{23}\mathfrak{j}\mathfrak{k} + a_{32}\mathfrak{k}\mathfrak{j} + a_{31}\mathfrak{k}\mathfrak{i} + a_{13}\mathfrak{i}\mathfrak{k} + a_{12}\mathfrak{i}\mathfrak{j} + a_{21}\mathfrak{j}\mathfrak{i}.$$

Die zu der letzten Form gehörige Beziehung zwischen $\mathfrak{r}$ und $\mathfrak{r}'$ lautet dann in den Koordinaten

$$(27) \qquad \left.\begin{aligned} x' &= a_{11} x + a_{12} y + a_{13} z \\ y' &= a_{21} x + a_{22} y + a_{23} z \\ z' &= a_{31} x + a_{32} y + a_{33} z \end{aligned}\right\}.$$

Wenn $a_{ik} = a_{ki}$, so reduziert sich die neungliedrige Dyade auf eine sechsgliedrige sog. symmetrische Form. Diese symmetrische Dyade, die in der Physik eine wesentliche Rolle spielt, wird auch als Tensor bezeichnet.

Wie sich jeder Vektor aus drei skalaren Komponenten zusammensetzt, so kann man auch die Dyade als Vektor oder „extensive" Größe zweiter Ordnung aus drei Vektoren ableiten, in der Art

$$\Phi = (A_x\mathfrak{i} + A_y\mathfrak{j} + A_z\mathfrak{k})\mathfrak{i} + (B_x\mathfrak{i} + B_y\mathfrak{j} + B_z\mathfrak{k})\mathfrak{j} + (C_x\mathfrak{i} + C_y\mathfrak{j} + C_z\mathfrak{k})\mathfrak{k}.$$

Die sog. Einheitsdyade, die oft in der formalen Rechnung auftritt, hat die Form

$$I = \mathfrak{i}\mathfrak{i} + \mathfrak{j}\mathfrak{j} + \mathfrak{k}\mathfrak{k}.$$

Es ergibt sich

(28) $$\mathfrak{r} \cdot I = \mathfrak{r}.$$

Aus jeder Dyade leiten sich gewisse Invarianten dadurch her, daß man die unbestimmte Multiplikation durch die skalare bzw. vektorielle Multiplikation ersetzt. Aus $\Phi = \Sigma\mathfrak{A}_i\mathfrak{B}_i$ ergeben sich z. B. folgende skalare und vektorielle Invarianten

$$\Sigma\mathfrak{A}_i \cdot \mathfrak{B}_i \qquad \Sigma\mathfrak{A}_i \times \mathfrak{B}_i.$$

Auf Einzelheiten und Anwendungen werden wir später zurückkommen.

Unter Beziehungen zwischen Vektoren und Dyaden führen wir nur folgende Formeln

(29) $$\left.\begin{aligned}(\Phi_1 + \Phi_2) \cdot \mathfrak{A} &= \Phi_1 \cdot \mathfrak{A} + \Phi_2 \cdot \mathfrak{A};\\ (\Phi_1 + \Phi_2) \times \mathfrak{A} &= \Phi_1 \times \mathfrak{A} + \Phi_2 \times \mathfrak{A}\end{aligned}\right\}$$ (Distributives Gesetz)

(30) $$\Phi \times \mathfrak{A} \cdot \mathfrak{B} = \Phi \cdot \mathfrak{A} \times \mathfrak{B}$$ (Vertauschungssatz)

(31) $$\frac{d}{dt}(\Phi \cdot \mathfrak{A}) = \frac{d\Phi}{dt} \cdot \mathfrak{A} + \Phi \cdot \frac{d\mathfrak{A}}{dt}$$ (Differentiationsgesetz)

6. Die ∇-Operationen. Faßt man

$$\nabla = \frac{\partial}{\partial x}\mathfrak{i} + \frac{\partial}{\partial y}\mathfrak{j} + \frac{\partial}{\partial z}\mathfrak{k}$$

als symbolischen Vektor auf und setzt $\frac{\partial}{\partial x}a = \frac{\partial a}{\partial x}$, so kann man in konsequenter Anwendung der obengenannten Regeln folgende Operationen ableiten:

Ist U eine skalare Ortsfunktion von $\mathfrak{r}$ bzw. x, y, z, so ergibt sich der sog. Gradient von U

$$\nabla U = \operatorname{grad} U = \frac{\partial U}{\partial x}\mathfrak{i} + \frac{\partial U}{\partial y}\mathfrak{j} + \frac{\partial U}{\partial z}\mathfrak{k} \tag{32}$$

Die Änderung von U in einer beliebigen Richtung $\mathfrak{e}$ ($\cos\alpha$, $\cos\beta$, $\cos\gamma$) drückt sich dann in folgender Weise durch den Gradienten aus

$$\begin{aligned}\frac{\partial U}{\partial s} &= \frac{\partial U}{\partial x}\cos\alpha + \frac{\partial U}{\partial y}\cos\beta + \frac{\partial U}{\partial z}\cos\gamma \\ &= \nabla U \cdot \mathfrak{e} = |\nabla U| \cos(\nabla U, \mathfrak{e})\end{aligned} \tag{33}$$

Man sieht daraus, daß die Änderung von U in der Richtung des Gradienten den größten Wert annimmt. Diese ausgezeichnete Richtung steht senkrecht auf der sog. Niveaufläche $U =$ konst. in dem betrachteten Punkt.

Aus der sog. lokalen Dyade $\nabla\mathfrak{v}$ leiten sich ferner folgende wichtige Invarianten ab: die Divergenz eines Vektors $\mathfrak{v}$

$$\nabla \cdot \mathfrak{v} = \operatorname{div} \mathfrak{v} = \frac{\partial v_x}{\partial x} + \frac{\partial v_y}{\partial y} + \frac{\partial v_z}{\partial z} \tag{34}$$

und der Rotor des Vektors

$$\nabla \times \mathfrak{v} = \operatorname{rot} \mathfrak{v} = \begin{vmatrix} \mathfrak{i} & \mathfrak{j} & \mathfrak{k} \\ \frac{\partial}{\partial x} & \frac{\partial}{\partial y} & \frac{\partial}{\partial z} \\ v_x & v_y & v_z \end{vmatrix}, \tag{35}$$

die aber im folgenden nur eine untergeordnete Rolle spielen werden.

2. Kapitel

Statische Grundsätze

7. Die Invarianten eines Kraftsystems. Wir nehmen eine Anzahl von Kräften $\mathfrak{K}_i$ an, die an einem starren Körper angreifen. Wenn wir das Axiom benutzen, daß zwei gleiche und entgegengesetzt gerichtete Kräfte in derselben Geraden sich gegenseitig aufheben, so ergibt sich bei Hinzufügung eines solchen Paares von Gegenkräften, daß eine Kraft an einem starren Körper beliebig in ihrer Angriffslinie ohne Änderung der Wirkung verschoben werden kann. Der Kraftvektor an einem starren Körper ist also ein liniengebundener Vektor,

bei dem der Anfangspunkt oder Angriffspunkt beliebig auf der Wirkungslinie angenommen werden kann. Man nennt einen solchen Vektor nach Study und v. Mises auch „Stab".

Wir setzen voraus, daß die Wirkungslinien der Kräfte im allgemeinen nicht durch einen Punkt gehen. Es gibt nun, wie in der Statik gezeigt wird, zwei vektorielle Invarianten, d. h. die Kräfte enthaltende Ausdrücke, die bei folgenden Operationen ungeändert bleiben: 1. Verschiebung einer Kraft in ihrer Angriffslinie, 2. Hinzufügung zweier in eine Gerade fallender entgegengesetzt-gleicher Kräfte, 3. Zusammensetzung nach dem Parallelogrammgesetz. Diese Invarianten sind die Vektorsumme der Kräfte und die Summe der Momente aller Kräfte in bezug auf einen beliebigen Punkt 0. Bezeichnet man die Radienvektoren von 0 nach einem beliebigen Punkt der Angriffslinie der i-ten Kraft mit $\mathfrak{r}_i$, so sieht man, daß die Invarianten durch zwei Vektoren $\mathfrak{R}$ und $\mathfrak{M}$ in folgender Weise dargestellt werden können.

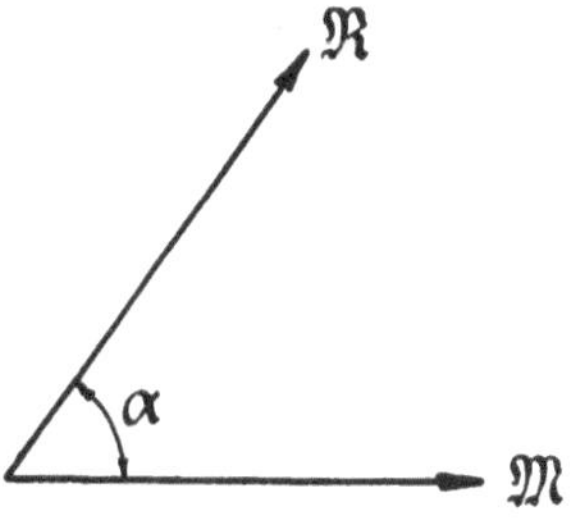

Fig. 4

$$(1) \qquad \mathfrak{R} = \sum \mathfrak{K}_i; \quad \mathfrak{M} = \sum \mathfrak{r}_i \times \mathfrak{K}_i.$$

Wenn man zu jeder Kraft $\mathfrak{K}_i$ im Punkte 0 zwei Kräfte $\pm \mathfrak{K}_i$ hinzufügt, so ist das gesamte Kraftsystem reduzierbar auf eine in 0 angreifende Resultierende $\mathfrak{R}$ und eine Reihe von Kräftepaaren, d. h. von je zwei entgegengesetzt-gleichen, im allgemeinen nicht in eine Gerade fallenden Kräften, die sich nach dem Additionstheorem zu einem resultierenden Paar zusammensetzen lassen. Es ist weiter bekannt, daß der Vektor des Kräftepaares (senkrecht zur Ebene der Kräfte und gleich dem Produkt aus der Kraftgröße und dem senkrechten Abstand beider Kräfte) beliebig parallel mit sich selbst ohne Änderung der Wirkung verschoben werden kann. Der Momentvektor ist also zum Unterschied vom Kraftvektor ein freier Vektor. Die beiden Vektoren $\mathfrak{R}$ und $\mathfrak{M}$ charakterisieren bei festem Bezugspunkt 0 das Kraftsystem vollkommen und zwei Systeme S_1 und S_2 mit gleichen Invarianten sind äquivalent.

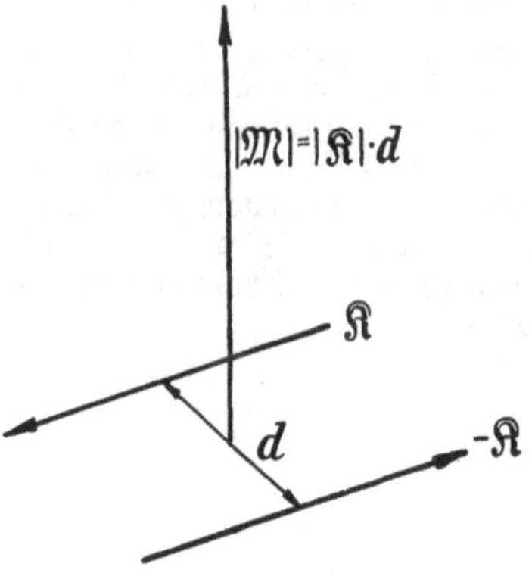

Fig. 5

8. Die absolute Invariante und die Zentralachse. Wenn man den Bezugspunkt von 0 nach 0′ verlegt und $\overline{0\,0'} = \mathfrak{s}$ setzt, so ist wegen $\mathfrak{r}' + \mathfrak{s} = \mathfrak{r}$

(2) $\mathfrak{M} = \mathfrak{M}' + \mathfrak{s} \times \mathfrak{R}$.

Durch Verlegung des Bezugspunktes wird also das Moment geändert. Durch skalare Multiplikation der Gleichung (2) mit $\mathfrak{R}$ ergibt sich

(3) $$\mathfrak{M}' \cdot \mathfrak{R} = \mathfrak{M} \cdot \mathfrak{R} = \Pi.$$

Das Produkt $\Pi = \mathfrak{M} \cdot \mathfrak{R}$ ändert sich also nicht bei Verschiebung des Bezugspunktes oder Π ist eine absolute Invariante des Kraftsystems.

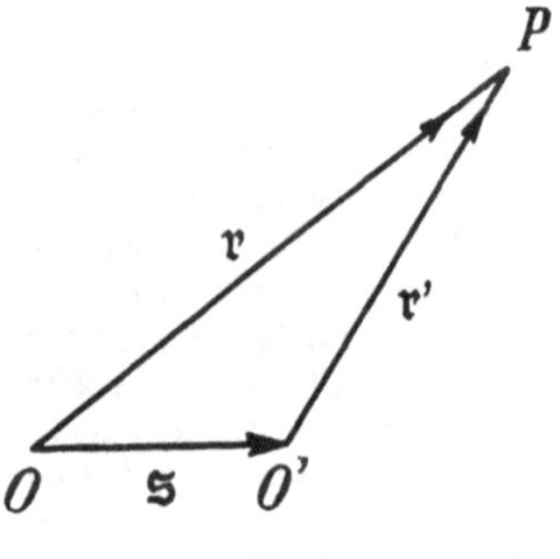

Fig. 6

Um nun den Ort der Punkte 0 zu bestimmen, für die $\mathfrak{R}$ und $\mathfrak{M}$ gleichgerichtet sind, setzt man $\mathfrak{M}' = \lambda\mathfrak{R}$, also

(4) $\mathfrak{M} = \lambda\mathfrak{R} + (\mathfrak{s} \times \mathfrak{R})$.

Dann ergibt sich durch skalare Multiplikation mit $\mathfrak{R}$

(5) $\mathfrak{M} \cdot \mathfrak{R} = \lambda R^2$; $\lambda = \dfrac{\mathfrak{M} \cdot \mathfrak{R}}{R^2}$.

Die skalar geschriebenen Gleichungen (4) geben dann

durch Elimination von λ die Gleichungen der sog. Zentralachse Z. Das gesamte Kräftesystem läßt sich also auf eine in der Zentralachse wirkende Kraftschraube zurückführen. Multipliziert man (4) skalar mit $\mathfrak{s}$, so kommt

$$\mathfrak{M} \cdot \mathfrak{s} = \lambda(\mathfrak{R} \cdot \mathfrak{s}). \tag{6}$$

Bezeichnet man nun den senkrechten Abstand der Zentralachse von der Ebene $(\mathfrak{R}, \mathfrak{M})$ mit $\mathfrak{s}_0$, so ist $M \cdot \mathfrak{s}_0 = \lambda(\mathfrak{R} - \mathfrak{s}_0) = 0$, also nach Kap. 1, (18)

$$\mathfrak{R} \times \mathfrak{M} = \mathfrak{R} \times (\mathfrak{s}_0 \times \mathfrak{R}) = \mathfrak{s}_0 R^2 - \mathfrak{R}(\mathfrak{s}_0 \cdot \mathfrak{R}) = \mathfrak{s}_0 R^2$$

$$\mathfrak{s}_0 = \frac{\mathfrak{R} \times \mathfrak{M}}{R^2}. \tag{7}$$

Schließlich läßt sich noch zeigen, daß jedes an einem starren Körper angreifende Kraftsystem auf ein Kraftkreuz, d. h. auf zwei zueinander senkrecht stehende windschief gelegene Kräfte zurückführbar ist. Auf den leicht zu führenden Nachweis wollen wir hier nicht näher eingehen.

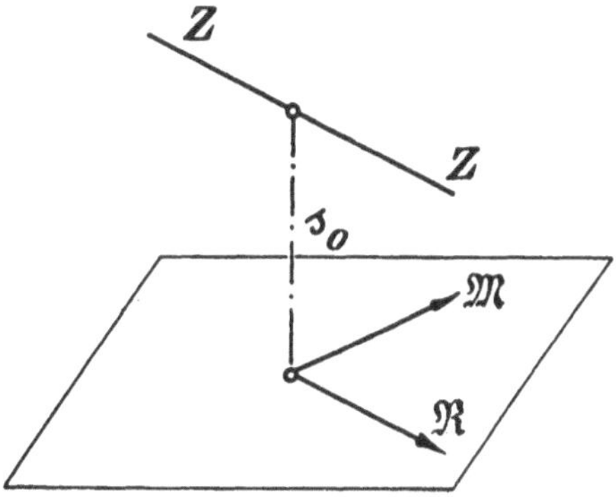

Fig. 7

9. Besondere Fälle. Wenn die Kräfte des Systems durch einen Punkt gehen, so ergeben sie eine Resultierende $\mathfrak{R} = \Sigma\mathfrak{K}$, durch denselben Punkt. Das Kraftpaar verschwindet.

b) Wenn das räumliche Polygon der Kräfte sich schließt, so verschwindet $\mathfrak{R}$. Wenn aber die Kräfte nicht durch einen Punkt gehen, so wird im allgemeinen ein Kräftepaar übrigbleiben, dem ein invariantes Moment entspricht. Von einer Zentralachse kann man in diesem Falle nicht reden.

c) Der Gleichgewichtsfall ist durch das Verschwinden der Invarianten $\mathfrak{R}$ und $\mathfrak{M}$ bestimmt. $\mathfrak{R} = \mathfrak{M} = 0$ enthalten aber sechs skalare Gleichungen. Daraus folgt z. B., daß ein durch ein Kraftsystem belasteter starrer Körper durch sechs gerade Stützen, die nicht alle durch einen Punkt gehen, fixiert werden kann. Denn die Gleichungen gestatten eine eindeutige Bestimmung der sechs unbekannten Stützkräfte.

d) Der ebene Fall. Ein ebenes Kraftsystem, das an einem starren Körper (einer Scheibe) angreift, ist durch die Angabe dreier Größen, durch einen nach drei Komponenten zerlegbaren Kraftvektor und durch einen Momentenvektor gekennzeichnet, den wir, weil er ein für allemal zur Ebene senkrecht steht, als Skalar behandeln dürfen. Das Gleichgewicht ist durch drei Bedingungsgleichungen bestimmt. Eine Scheibe ist daher durch drei in ihrer Ebene liegende und nicht durch einen Punkt gehende gerade Stützen fixiert und die Stützkräfte können durch die drei Bedingungsgleichungen im allgemeinen eindeutig berechnet werden.

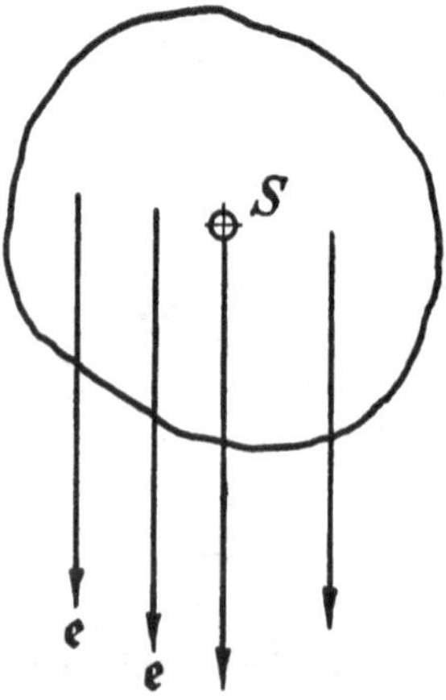

Fig. 8

10. Parallele Kräfte und Schwerpunkt. Wir setzen voraus, daß auf den starren Körper lauter parallele Kräfte wirken. Wenn wir mit e den Einheitsvektor in Richtung der Kräfte bezeichnen, so haben die Invarianten folgende Form:

$$(8)\quad \mathfrak{R} = \mathfrak{e}\sum K_i; \quad \mathfrak{M} = \sum(\mathfrak{r}_i \times \mathfrak{e})K_i = \sum \mathfrak{r}_i K_i \times \mathfrak{e}.$$

Man sieht, daß $\mathfrak{M}$ in diesem Fall senkrecht steht auf e, also auch auf der Resultierenden $\mathfrak{R}$ des Systems. Die Mittellinie des Kraftsystems, d. h. die Wirkungslinie der Resultierenden kann dann durch die Gleichungen

$$(9) \qquad (\mathfrak{r} \times \mathfrak{e}) R = \sum \mathfrak{r}_i K_i \times \mathfrak{e}$$

dargestellt werden, wo $\mathfrak{r}$ den Radiusvektor nach einem Punkt der Mittellinie bezeichnet.

Wenn wir eine gleichmäßige Verteilung von gleichgerichteten Kräften nach Art der Schwerkräfte an einem homogenen Körper und die Elementarkraft $dK = \gamma dV$ setzen, so kann man statt der Summe das Integral verwenden, also schreiben

$$(10) \quad \mathfrak{R} = \mathfrak{e} \int dK = \mathfrak{e} \gamma \int dV; \; \mathfrak{M} = \int \mathfrak{r} dK \times \mathfrak{e} = \gamma \int \mathfrak{r} dV \times \mathfrak{e}.$$

Bei einer Drehung der Kräfte, d. h. einer Veränderung von $\mathfrak{e}$, dreht sich die Resultierende um den Schwerpunkt, dessen Koordinaten bei einem Körper konstanter Dichte durch die Gleichungen

$$(11) \qquad \int \mathfrak{r} dV = \mathfrak{r}_S V; \; \mathfrak{r}_S = \frac{1}{V} \int \mathfrak{r} dV$$

bestimmt werden. Die Berechnung des Schwerpunktes für Körper und Flächen wird als Anwendung der Integralrechnung als bekannt vorausgesetzt. Die wichtige Bedeutung für die Bewegungsgesetze wird später erörtert.

II. Bewegung des Massenmittelpunktes

3. Kapitel

Kinematik des Punktes

11. Geschwindigkeits- und Beschleunigungsvektor. Wenn ein Punkt P (als Repräsentant eines starren Körpers) sich auf einer im allgemeinen krummlinigen Bahn bewegt, so wird der Ortsvektor $\mathfrak{r}$ als eine Funktion der Zeit darstellbar sein, die wir als stetig und differenzierbar voraussetzen. Das während der kleinen Zeit Δt zurückgelegte Wegstück PP' (vgl. Fig. 9) kann man angenähert als geradlinig ansehen und $\mathfrak{r}' - \mathfrak{r} = \Delta \mathfrak{r}$ setzen. Unter der momentanen Geschwindigkeit $\mathfrak{v}$ versteht man allgemein den Grenzwert des Verhältnisses von $\Delta \mathfrak{r}$ und der entsprechenden Zeit Δt für den Fall, daß Δt gegen Null geht. Wir haben also

$$(1) \qquad \mathfrak{v} = \lim_{\Delta t \to 0} \frac{\Delta \mathfrak{r}}{\Delta t} = \frac{d\mathfrak{r}}{dt} = \dot{\mathfrak{r}},$$

wenn man die Differentiation nach der Zeit durch einen der Größe aufgesetzten Punkt bezeichnet. In Koordinatenform haben wir

(2) $$\mathfrak{v} = v_x \mathfrak{i} + v_y \mathfrak{j} + v_z \mathfrak{k} = \dot{x}\mathfrak{i} + \dot{y}\mathfrak{j} + \dot{z}\mathfrak{k}.$$

Diesen Vektor können wir uns von P aus auf der Bahntangente im Bewegungssinne aufgetragen denken. Umgekehrt ergibt sich der in der Zeit von $t = 0$ bis t von dem Punkt P zurückgelegte Weg oder die zur Zeit t erreichte neue Lage durch Integration

$$\mathfrak{r} = \int_0^t \mathfrak{v}dt; \; x = \int_0^t v_x dt \text{ usw.},$$

die sich ausführen läßt, wenn die Geschwindigkeit als Funktion der Zeit gegeben ist.

Aus dem Vektor der Geschwindigkeit geht der Beschleunigungsvektor durch nochmalige Differentiation hervor

(3) $$\mathfrak{b} = b_x \mathfrak{i} + b_y \mathfrak{j} + b_z \mathfrak{k} = \dot{v}_x \mathfrak{i} + \dot{v}_y \mathfrak{j} + \dot{v}_z \mathfrak{k} = \ddot{x}\mathfrak{i} + \ddot{y}\mathfrak{j} + \ddot{z}\mathfrak{k}.$$

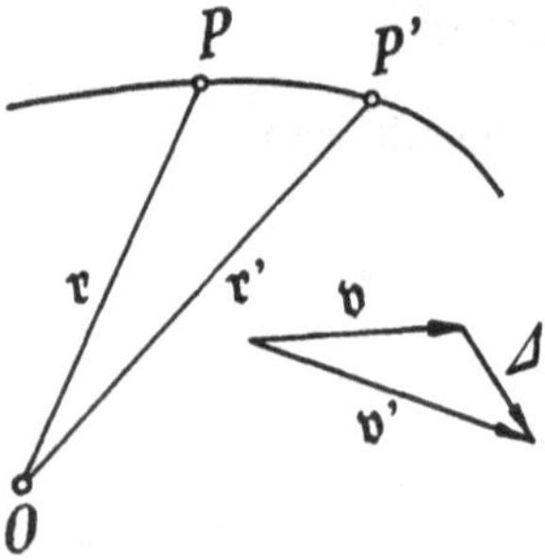

Fig. 9

Wie der Weg aus der Geschwindigkeit, so ergibt sich die Geschwindigkeit aus der Beschleunigung durch das Verfahren der Integration, wobei die auftretenden Konstanten, wie sich noch zeigen wird, aus den besonderen Bedingungen des Bewegungsproblems zu ermitteln sind.

Auch den Beschleunigungsvektor $\mathfrak{b}$ können wir uns vom Punkt P aus gezogen denken. Wie eine einfache Überlegung ergibt und die folgenden Beispiele zeigen, fällt er bei der krummlinigen Bewegung nicht mit dem Geschwindigkeitsvektor zusammen.

Geschwindigkeit und Beschleunigung sind als sog. angeheftete Vektoren eingeführt. Dabei ist aber zu bemerken, daß auch hier die allgemeinen, der Vektorlehre entnommenen

Rechnungsregeln, die zunächst für freie Vektoren aufgestellt sind, Gültigkeit behalten. Die besondere Lageeigenschaft eines Vektors, die stets durch die mechanische Bedeutung bestimmt wird, muß als unabhängig von der Anwendbarkeit der Vektoroperationen angesehen werden. Insbesondere gelten also für die Zusammensetzung und Zerlegung von Geschwindigkeit und Beschleunigung die oben angegebenen allgemeinen Gesetze. Wenn also z. B. ein Punkt aus irgendwelchen Ursachen zwei Geschwindigkeiten $\mathfrak{v}_1$ und $\mathfrak{v}_2$ erhält (er möge sich etwa in einem bewegten Fahrzeug in beliebiger Richtung bewegen), so wird er die resultierende Geschwindigkeit $\mathfrak{v} = \mathfrak{v}_1 + \mathfrak{v}_2$ erhalten, die als Diagonale des aus $\mathfrak{v}_1$ und $\mathfrak{v}_2$ gebildeten Parallelogramms dargestellt wird.

12. Ein einfaches Beispiel. Setzen wir etwa die Beschleunigung als konstant gleich b_0 voraus. Nehmen wir ferner an, daß die Bewegung in der x-Richtung erfolgt und zur Zeit $t = 0$, $v = v_0$, $x = x_0$ sein möge, so ergibt die erste Integration mit Rücksicht auf die Anfangsbedingungen

$$v = b_0 t + v_0 \tag{4}$$

und die zweite Integration

$$x = \tfrac{1}{2} b_0 t^2 + v_0 t + x_0. \tag{5}$$

Bei einer krummlinigen Bewegung ist es meist zweckmäßig, die Bewegung nach zwei oder drei Koordinatenrichtungen zu zerlegen und die zugehörigen Integrationen gesondert durchzuführen, wofür später zahlreiche Beispiele gegeben werden.

13. Natürliche Zerlegung bei der allgemeinen krummlinigen Bewegung. Sei $d\mathfrak{r}$ das Differential des Ortsvektors $\mathfrak{r}$ des sich bewegenden Punktes und ds der absolute Wert des Bogendifferentials, so ist $\frac{d\mathfrak{r}}{ds} = \mathfrak{e}_1$ der Einheitsvektor in der Bewegungsrichtung. Der Vektor

$$\frac{d^2\mathfrak{r}}{ds^2} = \frac{d\mathfrak{e}_1}{ds}$$

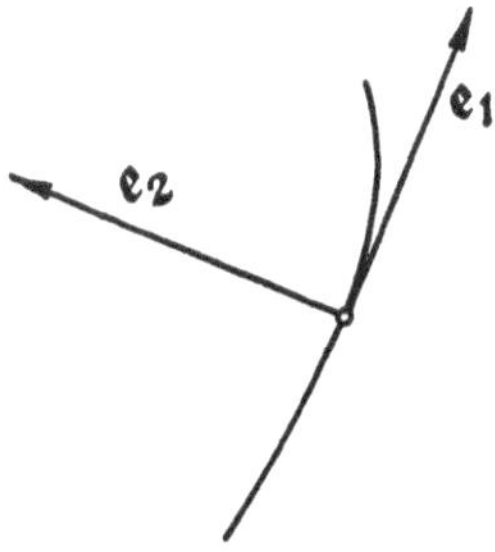

Fig. 10

liegt in der Ebene zweier aufeinanderfolgenden Tangenten, also in der sog. Schmiegungsebene der Kurve. Man sieht ferner, daß $d\mathfrak{e}_1$, da $\mathfrak{e}_1$ nur eine Drehung ausführt, senkrecht steht zu $\mathfrak{t}$ und nach dem Krümmungsmittelpunkt der Kurve weist, ferner daß $|d\mathfrak{e}_1| = d\vartheta$ ist, wenn $d\vartheta$ den Kontingenzwinkel zwischen $\mathfrak{e}_1$ und $\mathfrak{e}_1 + d\mathfrak{e}_1$ bedeutet. Nennen wir den Krümmungsradius ϱ, so ist

$$(6) \qquad \frac{|d\mathfrak{e}_1|}{ds} = \frac{d\vartheta}{ds} = \frac{1}{\varrho}, \quad \frac{d^2\mathfrak{r}}{ds^2} = \frac{d\mathfrak{e}_1}{ds} = \frac{\mathfrak{e}_2}{\varrho},$$

wenn $\mathfrak{e}_2$ der nach dem Krümmungsmittelpunkt gerichtete Einheitsvektor ist. Wir haben daher für die Geschwindigkeit und Beschleunigung folgende Tangential- und Normalkomponenten

$$\mathfrak{v} = \frac{ds}{dt}\mathfrak{e}_1$$

$$(7) \qquad \frac{d\mathfrak{v}}{dt} = \frac{d\mathfrak{e}_1}{ds}\left(\frac{ds}{dt}\right)^2 + \mathfrak{e}_1\frac{d^2s}{dt^2} = \frac{d^2s}{dt^2}\mathfrak{e}_1 + \frac{v^2}{\varrho}\mathfrak{e}_2 = \mathfrak{b}_t + \mathfrak{b}_n.$$

Die Normalkomponente $\mathfrak{b}_n$ wird auch Zentripetalbeschleunigung genannt. Bei der geradlinigen Bewegung ist $\mathfrak{b}_n = 0$; es bleibt nur die Komponente $\mathfrak{b}_t$ übrig. Bei der gleichförmigen Bewegung auf dem Kreise bleibt nur die Zentripetalbeschleunigung $\frac{v^2}{r}$ nach dem Kreismittelpunkt.

Zu dem natürlichen Koordinatensystem gehört noch eine dritte Richtung, die sog. Binormale mit dem Einheitsvektor $\mathfrak{e}_3$, der zu $\mathfrak{e}_1$ und $\mathfrak{e}_2$ senkrecht steht und so gerichtet ist, daß $\mathfrak{e}_1\mathfrak{e}_2\mathfrak{e}_3$ ein Rechtssystem bilden. Es ergibt sich, daß die Komponente der Beschleunigung in der binormalen Richtung verschwindet.

14. Polarkoordinaten bei der ebenen Bewegung. Sei $\mathfrak{e}_r$ der Einheitsvektor in Richtung des Radiusvektors $\mathfrak{r}$, der mit der festen Achse den Winkel φ bildet, $\mathfrak{e}_\varphi$ der Einheitsvektor senkrecht dazu im Sinne der wachsenden φ, dann haben wir

$$(8) \qquad \mathfrak{v} = \dot{r}\mathfrak{e}_r + r\dot{\varphi}\mathfrak{e}_\varphi.$$

Differenzieren wir nach der Zeit, so kommt

$$\mathfrak{b} = \ddot{r}\,\mathfrak{e}_r + \dot{r}\dot{\mathfrak{e}}_r + \dot{r}\dot{\varphi}\mathfrak{e}_\varphi + r\ddot{\varphi}\mathfrak{e}_\varphi\,.$$

Nun hat aber $d\mathfrak{e}_r$ die Richtung von $\mathfrak{e}_\varphi$ und $d\mathfrak{e}_\varphi$ die Richtung von $-\mathfrak{e}_r$, ferner beide Differentiale die Größe $d\varphi$, daher $\dot{\mathfrak{e}}_r = \dot{\varphi}\mathfrak{e}_\varphi$, $\dot{\mathfrak{e}}_\varphi = -\dot{\varphi}\mathfrak{e}_r$.

Es wird dann

(9) $$\mathfrak{b} = (\ddot{r} - r\dot{\varphi}^2)\mathfrak{e}_r + (2\dot{r}\dot{\varphi} + r\ddot{\varphi})\mathfrak{e}_\varphi.$$

Wir erhalten also für die radiale Komponente b_r und die dazu senkrechte Komponente b_φ folgende Werte

(10) $$b_r = \ddot{r} - r\dot{\varphi}^2; \quad b_\varphi = 2\dot{r}\dot{\varphi} + r\ddot{\varphi}.$$

Für die Kreisbahn r = konstant ergeben sich daraus die Werte

(11) $b_r = -r\dot{\varphi}^2$, $b_\varphi = r\ddot{\varphi}$.

Die erstere ist die bereits bekannte Zentripetalbeschleunigung, die zweite die Tangentialbeschleunigung.

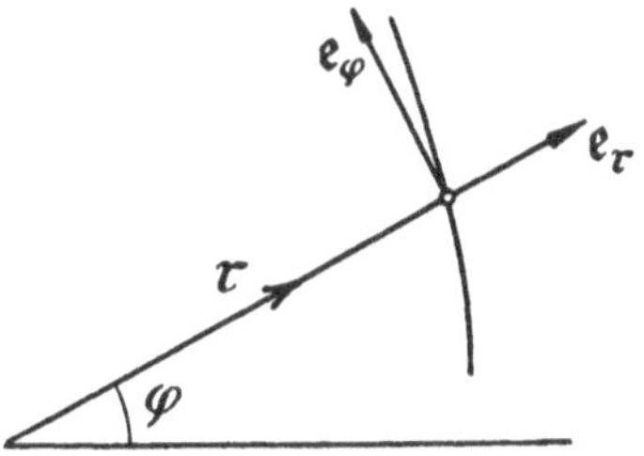

Fig. 11

Dimension. Um auszudrücken, daß man die Geschwindigkeit erhält, wenn man eine Länge l durch eine Zeit dividiert, schreibt man $[v] = [lt^{-1}]$. Dieses formale, zahlenlose Produkt der Einheitspotenzen nennt man die Dimension der Geschwindigkeit. Entsprechend hat man für die Beschleunigung

$$[b] = [lt^{-2}].$$

4. Kapitel

Dynamische Grundsätze

15. Masse und Beschleunigung. Um die Bewegung starrer Gebilde zu kennzeichnen, muß zu den rein kinematischen Begriffen der Geschwindigkeit und Beschleunigung noch der Begriff der Masse hinzutreten und eine Beziehung zu den wirkenden Kräften hergestellt werden. Die Masse ist zunächst ein unbestimmter Ausdruck für die Menge des im

Körper vorhandenen Stoffes und wird erst dadurch eine rechnerisch verwendbare Größe, daß der Körper in einem Kraftfeld, z. B. im Gravitationsfeld der Erde, gewisse meßbare Wirkungen auszuüben vermag, die bei sonst gleichbleibenden Verhältnissen der Massengröße proportional gesetzt werden können. Die Masse ist nur von dem Körper selbst und nicht von seiner Lage und Bewegung abhängig zu denken. Das Gewicht, von dem wir zunächst beim Heben eines Körpers durch unser Muskelgefühl Kenntnis erhalten und das vergleichsweise durch die Waage genauer bestimmt werden kann, wechselt dagegen, wenn auch auf der Erde nur in geringem Maße, mit dem Beobachtungsort.

Um zu einer bestimmten Formulierung zu gelangen, benutzen wir den Begriff der Beschleunigung. Die Erfahrung zeigt, daß alle Körper im luftleeren Raum an einem bestimmten Erdorte mit konstanter Beschleunigung $g = 9{,}81\ \mathrm{m/s^2}$ fallen. Im Einklang mit dieser Erfahrung kann man daher mit Galilei und Newton den Ansatz

$$\frac{G}{m} = g;\ G = mg \tag{1}$$

machen, um damit die Möglichkeit zu gewinnen, die Einheiten, insbesondere der Masse zu ermitteln. Man sieht daraus, daß m als unveränderlich vorausgesetzt, die Fallbeschleunigung proportional mit dem Gewicht sich verändert.

Die Verallgemeinerung dieser Beziehung gibt die sog. Newtonsche Bewegungsgleichung

$$\mathfrak{K} = m\mathfrak{b}, \tag{2}$$

eine Vektorbeziehung, die aussagt, daß der Kraftvektor in jedem Falle gleich dem Produkt aus der (skalaren) Masse des bewegten Körpers und seiner Beschleunigung zu setzen ist. Indem wir von einer bestimmten Beschleunigung sprechen, haben wir zunächst angenommen, daß der Körper als Massenpunkt ohne wesentliche Ausdehnung behandelt werden kann. Die Berechtigung zu dieser Annahme wird weiter unten gegeben werden. Man sieht, daß ein bestimmtes Beschleunigungsgesetz, das eine ganze Klasse von idealisierten Bewegungserscheinungen charakterisiert, zugleich der Ausdruck für eine besondere Kraftart ist, unter deren Einwirkung die Bewegung zustande kommt.

So ergibt sich z. B. für die lineare elastische Bewegung eines Körpers das Gesetz

$$mb = -\lambda x, \tag{3}$$

wo x die Auslenkung aus der Ruhelage und λ eine von der Elastizität der Feder abhängige Konstante bezeichnet. Durch Messung der Beschleunigung bei Vervielfachung der Feder und der Masse des bewegten Körpers kann man die Beziehung (3) in der Tat bestätigen.

Die Gleichung (2) enthält die ersten beiden Newtonschen Grundgesetze: 1. Ohne Einwirkung einer Kraft ($\mathfrak{b} = 0$) bewegt sich der Punkt in geradliniger Bahn mit konstanter Geschwindigkeit.

2. Die Geschwindigkeit erfährt durch jede Kraft eine Änderung, welche die Richtung der Kraft hat und deren Größe proportional ist. Weiter ergibt sich im Einklang mit den früher entwickelten Gesetzen, daß sich mehrere Kräfte, ebenso wie die Geschwindigkeiten und Beschleunigungen nach dem Parallelogrammprinzip zusammensetzen lassen.

16. Maßsysteme. Die Newtonsche Gleichung gibt zugleich die Anleitung für die Festsetzung der Maßeinheiten.

Im physikalischen cgs-System gilt das cm als Längeneinheit und die sec. als Zeiteinheit. Als Masseneinheit setzt man die Masse eines cm^3 chemisch reinen Wassers bei 4° C und 760 mm Barometerstand oder den tausendsten Teil der Masse eines in Paris aufbewahrten Platinkilogramms fest. Als Krafteinheit (1 Dyn) gilt dann diejenige Kraft, welche der Masse eines Gramm (g) die Beschleunigung 1 cm/s^2 erteilt.

Im technischen Maßsystem wird die Krafteinheit als kg-Gewicht definiert für den Ort, an dem $g = 9{,}81\ m/s^2$ beträgt. Dann ist die Masseneinheit diejenige Masse, welche durch die Kraft 1 kg die Beschleunigung 1 m/s^2 erfährt. Man erhält also in diesem System die Masse, wenn man das Gewicht durch 9,81 dividiert. Wir haben daher für beide Systeme für die Kraft bzw. Masse folgende Dimensionsformeln

$$\text{Im Phys. MS.:}\quad [K] = [mlt^{-2}] \tag{4}$$

$$\text{Im Techn. MS.:}\quad [m] = [Kl^{-1}t^2]. \tag{5}$$

17. Arten der Kräfte. Es ist wichtig zu unterscheiden zwischen den räumlich verteilten oder Volumen-(Massen)-Kräften, die nach Art der Schwerkraft auf jedes Element des Körpers wirken, und den flächenhaft verteilten Kräften, die etwa als Zug- oder Druckspannungen zwischen zwei in einem Flächenelement sich berührenden Elementen des Körpers auftreten.

Das dritte Newtonsche Grundgesetz besagt, daß zwei sich berührende Körper oder Teile desselben Körpers entgegengesetzt gleiche Wirkungen aufeinander ausüben, oder daß die beiden zu einem Flächenelement gehörenden spezifischen, d. h. auf die Flächeneinheit bezogenen Berührungskräfte entgegengesetzt gleich sind (Prinzip der actio und reactio).

Die Volumenkräfte werden im allgemeinen mit anderen, etwa den antreibenden Kräften bei Maschinen zur Kategorie der sog. eingeprägten Kräfte gehören. Während diese nach Größe und Richtung vollkommen bekannt sind, werden die bei der Berührung und Stützung eines Körpers auftretenden, also rein kinematisch, d. h. durch Bewegungseinschränkung bedingten (Hilfs-)Kräfte im allgemeinen zunächst unbekannt sein und erst nachträglich berechnet werden können. Diese sog. Reaktionskräfte, zu denen z. B. auch die Haftreibung zu zählen ist, werden später bei der Betrachtung der Dynamik starrer Systeme und den technischen Anwendungen eine wichtige Rolle spielen.

18. Der Schwerpunktssatz der Bewegung. Ein starrer Körper hat sechs Freiheitsgrade, denn er ist durch drei Punkte, also neun Koordinaten festgelegt, zwischen denen noch drei die Starrheit, d. h. die Unveränderlichkeit der Entfernungen betreffende Beziehungen bestehen. Diese sechsfache Beweglichkeit entspricht der aus der Statik bekannten Tatsache (vgl. Kap. 2), daß ein Körper durch sechs gerade Stützen festgehalten werden kann. Zur Kennzeichnung der Bewegung sind zwei Vektorgleichungen erforderlich, die den beiden früher betrachteten Invarianten eines den Körper angreifenden Kraftsystems zugeordnet sind.

Um die erste Gleichung zu erhalten, zerlegen wir den Körper in kleine Massenelemente. Bezeichnen wir das Volumen eines solchen Elementes mit $d\tau$, die begrenzenden Flächenelemente mit df, ferner die auf die Volumeneinheit bezogene Kraft mit $\mathfrak{k}$ und die Flächenkräfte (Spannungen) pro Einheitsfläche mit $\mathfrak{p}$, so können wir für ein Element die Newtonsche Gleichung in der Form ansetzen

$$(6) \qquad dm \frac{d\mathfrak{v}}{dt} = \mathfrak{k} d\tau + \Sigma \mathfrak{p} df.$$

Summieren wir über den ganzen Körper, so heben sich die auf inneren Spannungen bezogenen Glieder der Doppelsumme $\Sigma\Sigma \mathfrak{p} df$ nach dem 3. Newtonschen Grundgesetz heraus, und es bleibt nur die Summe der auf die äußere Oberfläche des Körpers wirkenden Kräfte übrig. Wir erhalten also

$$(7) \qquad \Sigma dm \frac{d\mathfrak{v}}{dt} = \sum_T \mathfrak{k} d\tau + \sum_F \mathfrak{p} df,$$

wo die erste Summe rechts sich auf den vom Körper eingenommenen Raum, die zweite Summe auf die begrenzende Oberfläche bezieht. Wenn man nun die früher (Kap. 2, (11)) angegebene Schwerpunktsformel

$$m\mathfrak{r}_S = \Sigma dm \mathfrak{r},$$

wo nur die Masse statt des Volumens eingesetzt ist, nach der Zeit differenziert, so läßt sich die Gleichung (7) in der Form schreiben

$$(8) \qquad m \frac{d\mathfrak{v}_S}{dt} = \mathfrak{K}_\tau + \mathfrak{K}_f.$$

Die Gleichung unterscheidet sich von der früher gegebenen Newtonschen Elementargleichung dadurch, daß hier die Beschleunigung eines ausgezeichneten Punktes des starren Körpers, des Schwerpunktes vorkommt. Ihre Gültigkeit ist übrigens, wie die Ableitung zeigt, nicht nur auf den einzelnen starren Körper beschränkt, sondern umfaßt auch den Fall beliebiger, auch nicht-starrer Massensysteme. Man kann das wichtige Ergebnis in dem Satz zusammenfassen:

Der Schwerpunkt eines beliebigen Massensystems bewegt sich stets so, als wenn die gesamte

Masse in ihm konzentriert und alle äußeren Kräfte parallel in ihn verschoben wären. Auch die früheren Grundsätze für den Massenpunkt lassen sich jetzt für starre Massensysteme auf die Schwerpunktbewegung übertragen. Wenn z. B. die Kräfte die Resultierende Null haben, so bewegt sich der Schwerpunkt des Systems auf gerader Bahn mit konstanter Geschwindigkeit usw. Die Bewegung des Schwerpunktes eines Körpers oder Systems erfolgt also völlig unabhängig von der Massenverteilung und übrigens auch unabhängig davon, ob während der Bewegung durch innere Kräfte irgendeine Aufteilung oder Zersprengung des Körpers eintritt. Die Gesamtbewegung kann also jedenfalls zerlegt werden in zwei unabhängig voneinander erfolgende Teilbewegungen: die Translation des Schwerpunktes und die Bewegung relativ zu dem als fest angenommenen Schwerpunkt. Nur bei reiner Translation (wie beim freien Fall) würde die Schwerpunktsbewegung bereits ein ausreichendes Bild des gesamten Bewegungsvorganges geben. Wir sind also berechtigt, zunächst von der räumlichen Anordnung der Masse eines Körpers und von der Drehbewegung zu abstrahieren und den Schwerpunkt als Träger aller Massen und Angriffspunkt aller äußeren Kräfte aufzufassen. Unter dieser Voraussetzung suchen wir aus der wieder in der vereinfachten Form geschriebenen Newtonschen Gleichung

$$m \frac{d\mathfrak{v}}{dt} = \mathfrak{K}$$

einige weitere Begriffe und Sätze abzuleiten.

19. Andere Formen der Schwerpunktsgleichung a) Man pflegt die Gleichung häufig in der Gestalt

$$\mathfrak{K} - m\mathfrak{b} = 0 \tag{9}$$

zu schreiben und statisch dahin zu deuten, daß die äußere oder eingeprägte Kraft mit der sog. Trägheitskraft $-m\mathfrak{b}$, die entgegengesetzt der Beschleunigung gerichtet ist, ein Gleichgewichtssystem bildet. Das ist ein spezieller, fast trivialer Fall eines sehr allgemeinen und weittragenden Gesetzes (von *d'*Alembert), das später (im zweiten Teil) genauer besprochen wird.

b) Eine andere Form der Gleichung lautet

$$\mathfrak{K} = \frac{d}{dt}(m\mathfrak{v}) = \frac{d\mathfrak{J}}{dt}. \tag{10}$$

Der bei konstanter Masse mit $\mathfrak{v}$ gleichgerichteter Vektor $m\mathfrak{v}$ wird der Impuls oder die Bewegungsgröße des Massenpunktes, auch Schwerpunktsimpuls genannt. Gelegentlich hat man auch für $m\mathfrak{v}$ die Bezeichnung Trieb des Körpers eingeführt. Das Grundgesetz der Dynamik kann daher auch dahin formuliert werden, daß die Kraft der Größe und Richtung nach der Änderungsgeschwindigkeit des Impulses oder Triebes gleich ist.

c) Schreiben wir schließlich die Gleichung in der Form

$$\int_{t_0}^{t} \mathfrak{K} dt = m\mathfrak{v} - m\mathfrak{v}_0, \tag{11}$$

wo $\mathfrak{v}_0$ die Geschwindigkeit zur Zeit $t = t_0$ bedeutet und nennen das Zeitintegral der Kraft den Antrieb, so können wir auch sagen, daß der Antrieb der Kraft gleich dem Zuwachs der Bewegungsgröße ist.

20. Arbeit und Energie. Unter der Arbeit einer Kraft verstehen wir das skalare Produkt aus der Kraft und dem Weg des Punktes. Ist die Bahn gekrümmt und die Kraft nicht mehr konstant längs eines Weges, so hat man zur Bestimmung der während der Zeit von $t = t_0$ bis t geleisteten Arbeit das Linienintegral der Kraft

$$\int_{t_0}^{t} \mathfrak{K} \cdot d\mathfrak{r} = \int_{t_0}^{t} \mathfrak{K} \cdot \mathfrak{v} dt \tag{12}$$

zu bilden. Die Zusammensetzbarkeit mehrerer Kräfte steht im Einklang mit dem distributiven Gesetz der skalaren Multiplikation.

Setzen wir nun in dem Ausdruck für die Arbeit für $\mathfrak{K}$ den Newtonschen Wert, so erhalten wir die einfache, aber grundlegende Beziehung

$$\mathfrak{K} \cdot d\mathfrak{r} = m\mathfrak{v} \cdot d\mathfrak{v} = d\left(\frac{1}{2} m v^2\right);$$

(13)

$$\int \mathfrak{K} \cdot d\mathfrak{r} = \frac{1}{2} m v^2 - \frac{1}{2} m v_0^2 = E - E_0.$$

Der auf der rechten Seite stehende Ausdruck E ist die sog. kinetische (Bewegungs-)Energie oder Wucht des Massenpunktes bzw. die Schwerpunktswucht des Körpers und unser Grundsatz lautet:

Die an einem materiellen Punkt (als Vertreter des Körpers) geleistete Arbeit ist gleich dem Zuwachs an Wucht, den der Punkt bei der Bewegung erfährt.

Man sieht weiter, daß die auf die Zeiteinheit bezogene Leistung der Kraft gleich der Änderungsgeschwindigkeit der Wucht ist

$$\dot{A} = \mathfrak{K} \cdot \mathfrak{v} = \frac{d}{dt}\left(\frac{1}{2} m v^2\right). \tag{14}$$

Unter gewissen Vorbehalten ist diese Beziehung auch auf den Fall der veränderlichen Masse anwendbar. Man muß hier aber die reduzierte Kraft $\mathfrak{K}'$ einführen und erhält dann

$$\mathfrak{K}' \cdot \mathfrak{v} = \left(m \frac{d\mathfrak{v}}{dt} + \frac{1}{2} \frac{dm}{dt}\right) \cdot \mathfrak{v}$$

und daraus, weil beide multiplizierten Vektoren im allgemeinen nicht aufeinander senkrecht stehen,

$$\mathfrak{K}' = m \frac{d\mathfrak{v}}{dt} + \frac{1}{2} \frac{dm}{dt} \mathfrak{v}. \tag{15}$$

Wir werden später Gelegenheit haben, auf die praktische Anwendung dieser Gleichung zurückzukommen.

Die Dimension der Arbeit und Wucht wird in den beiden Maßsystemen

Ph. abs. MS.: $[A] = [E] = [ml^2 s^{-2}] = [g\mathrm{cm}^2 s^{-2}]$
Techn. MS.: $= [Kl] = [\mathrm{kg}m]$.

21. Potential und potentielle Energie. Bemerkenswert ist der Fall, daß sich die Kraft von einem Potential

herleiten oder als negativer Gradient einer Funktion U darstellen läßt

$$(16) \qquad \mathfrak{K} = -\nabla U = -\left(\frac{\partial U}{\partial x}\mathfrak{i} + \frac{\partial U}{\partial y}\mathfrak{j} + \frac{\partial U}{\partial z}\mathfrak{k}\right).$$

Dann kann man die Energiegleichung in der Form schreiben

$$\mathfrak{K} \cdot d\mathfrak{r} = -\nabla U \cdot d\mathfrak{r} = -dU = d\left(\tfrac{1}{2}mv^2\right) = dE\,,$$

die zu dem Integral

$$(17) \qquad E + U = \text{konst.}$$

führt. Wenn man den Wert von U als potentielle Energie oder Energie der Lage auffaßt, so zeigt die Gleichung (17), daß die Summe aus der kinetischen und potentiellen Energie konstant bleibt. Man hat auch gelegentlich die Energie der Lage als „Drang" und $E + U$ als „Macht" des Körpers bezeichnet. Dann läßt sich das Energiegesetz in den Satz zusammenfassen: Die Summe aus Wucht und Drang oder die Macht des Körpers bleibt bei der Bewegung ungeändert.

Die Existenz eines Potentials für ein Kraftfeld ist übrigens gleichbedeutend mit der Tatsache, daß das von einem Punkt 0 bis zum Punkt P erstreckte Arbeitsintegral der Kraft

$$(18) \qquad \int_0^P \mathfrak{K} \cdot d\mathfrak{r}$$

vom Wege unabhängig ist und nur durch die Differenz der Potentialwerte U_P und U_0 bestimmt wird oder auch, daß das längs eines geschlossenen Weges geführte Integral der Kraft verschwindet. In der Potentialtheorie wird gezeigt, daß die notwendige und hinreichende Bedingung dafür das Verschwinden des Rotors der Kraft, also

$$(19) \qquad \begin{aligned} \operatorname{rot} \mathfrak{K} = \left(\frac{\partial K_z}{\partial y} - \frac{\partial K_y}{\partial z}\right)\mathfrak{i} + \left(\frac{\partial K_x}{\partial z} - \frac{\partial K_z}{\partial x}\right)\mathfrak{j} \\ + \left(\frac{\partial K_y}{\partial x} - \frac{\partial K_x}{\partial y}\right)\mathfrak{k} = 0 \end{aligned}$$

ist. Man nennt solche Kraftfelder auch wirbelfreie Kraftfelder. Denken wir uns im Kraftfeld alle Punkte markiert, für die

$U(xyz) = c$ konstant wird, so erhalten wir eine Potential- oder Niveaufläche und bei veränderlichem c eine ∞^1-fache Schar von Niveauflächen. Der absolute Wert des Vektors grad $U = \nabla U$ ist gleich dem Differentialquotienten von U nach der Richtung der Normalen zur Niveaufläche. Die Kraftlinien sind durch die Mannigfaltigkeit der Kurven dargestellt, welche die Potentialflächen im Sinne abnehmenden Potentials senkrecht durchschneiden.

22. Der Flächen- oder Momentensatz der Bewegung. Die zweite Bewegungsgleichung knüpft unmittelbar an die zweite Invariante $\mathfrak{M}$ des Kraftsystems an. Gehen wir aus von dem Ausdruck $\mathfrak{r} \times d\mathfrak{K}$ für das Moment der Elementarkraft $d\mathfrak{K}$ in bezug auf einen festen Punkt, so ergibt sich mit Einsetzung von $d\mathfrak{K} = dm \dfrac{d\mathfrak{v}}{dt}$

$$\mathfrak{r} \times d\mathfrak{K} = dm \left(\mathfrak{r} \times \frac{d\mathfrak{v}}{dt} \right). \tag{20}$$

Dabei ist $\mathfrak{r}$ der von 0 nach dem Massenpunkt dm gezogene Radiusvektor. Nun ist nach der Rechnungsregel für die Differentiation

$$\frac{d}{dt}(\mathfrak{r} \times \mathfrak{v}) = \mathfrak{r} \times \frac{d\mathfrak{v}}{dt} + \frac{d\mathfrak{r}}{dt} \times \mathfrak{v} = \mathfrak{r} \times \frac{d\mathfrak{v}}{dt} + \mathfrak{v} \times \mathfrak{v} = \mathfrak{r} \times \frac{d\mathfrak{v}}{dt}.$$

Wir erhalten daher die einfache Gleichung

$$r \times d\mathfrak{K} = \frac{d}{dt} (\mathfrak{r} \times dm\mathfrak{v}).$$

Die Kräfte setzen sich wieder aus den Volumenkräften und den inneren Flächenspannungen zusammen. Summieren wir wieder über den ganzen Körper, so läßt sich nach dem Wechselwirkungsprinzip die auf die inneren Spannungen bezogene Summe auf die Summe der Momente der Oberflächenspannungen reduzieren, und wir erhalten schließlich den Momentensatz in der allgemeinen Form

$$\begin{aligned} \Sigma \mathfrak{r} \times (\mathfrak{k} d\tau + \mathfrak{p} df) &= \Sigma \mathfrak{r} \times d\mathfrak{K}_\tau + \Sigma \mathfrak{r} \times d\mathfrak{K}_f \\ &= \mathfrak{M}_\tau + \mathfrak{M}_f = \mathfrak{M} = \frac{d}{dt} \Sigma (\mathfrak{r} \times dm\mathfrak{v}). \end{aligned} \tag{21}$$

Der rechts nach der Zeit differenzierte Ausdruck ist die Summe der Impulsmomente der einzelnen Massenteilchen des starren Körpers oder das Gesamtimpulsmoment, der sogen. Schwung oder auch Drall des Körpers. Setzen wir für diese wichtige Größe den Ausdruck $\mathfrak{L}$ ein, so lautet die Formel

$$\frac{d\mathfrak{L}}{dt} = \mathfrak{M}. \tag{22}$$

In bezug auf irgendeinen festen Punkt 0 ist also die Änderungsgeschwindigkeit des Schwunges des Körpers gleich der Vektorsumme der Momente der äußeren Kräfte[1]).

Dieser wichtige, den Schwerpunktsatz ergänzende Grundsatz wird auch Momenten- oder Flächensatz genannt. Die letztere Bezeichnung rechtfertigt sich, wenn wir zu dem Spezialfall des Massenpunktes übergehen.

23. Reduktion auf den Schwerpunkt. Um zunächst den Schwung auf den Schwerpunkt zu reduzieren, bezeichnen wir den Radiusvektor und die Geschwindigkeit des Schwerpunktes mit $\mathfrak{r}_S$ und $\mathfrak{v}_S$ und die entsprechenden Vektoren eines Körperpunktes relativ zum Schwerpunkt mit $\mathfrak{s}'$ und $\mathfrak{v}'$. Dann wird wegen $\mathfrak{r} = \mathfrak{r}_S + \mathfrak{s}$, $\mathfrak{v} = \mathfrak{v}_S + \mathfrak{v}'$

$$\mathfrak{L} = \Sigma \mathfrak{r} \times dm\mathfrak{v} = \mathfrak{r}_S \times m\mathfrak{v}_S + \mathfrak{v}_S \times \Sigma dm\mathfrak{s} + \mathfrak{r}_S \times \Sigma dm\mathfrak{v}' + \Sigma(\mathfrak{s} \times dm\mathfrak{v}').$$

Die beiden mittleren Ausdrücke verschwinden nach der Schwerpunktsformel, und wir erhalten

$$\mathfrak{L} = \mathfrak{r}_S \times m\mathfrak{v}_S + \Sigma(\mathfrak{s} \times dm\mathfrak{v}') = \mathfrak{L}_S + \mathfrak{L}'. \tag{23}$$

Der Schwung eines Körpers in bezug auf einen beliebigen Punkt ist also gleich der Summe des gleichbezogenen Schwunges der im Schwerpunkt gesammelten Masse und des Schwunges in bezug auf den Schwerpunkt.

Andererseits ist

$$\mathfrak{M} = \Sigma \mathfrak{s} \times d\mathfrak{K} + \mathfrak{r}_S \times \mathfrak{K} = \mathfrak{M}' + \mathfrak{r}_S \times \mathfrak{K},$$

[1]) Die strengere Ableitung des Momentensatzes, die auch auf die Span nungsdyade Bezug nimmt, ist von G. Hamel gegeben worden (Elementare Mechanik, Leipz. 1922, S. 323ff.).

also

$$\frac{d}{dt}(\mathfrak{L}_S + \mathfrak{L}') = \mathfrak{M}' + \mathfrak{r}_S \times \mathfrak{K}. \tag{24}$$

Um den Flächensatz der Punktmechanik zu erhalten, lassen wir $\mathfrak{S}$ und $\mathfrak{v}'$ gegen Null konvergieren. Dann wird

$$\frac{d\mathfrak{L}_S}{dt} = \mathfrak{r}_S \times \mathfrak{K}, \tag{25}$$

eine Formel, die übrigens auch direkt aus dem Schwerpunktssatz abgeleitet werden kann, also im Falle der reinen Punktbewegung nichts Neues liefert. Um die Bezeichnung Flächensatz zu rechtfertigen, schreiben wir den Schwerpunktschwung in der Form

$$\mathfrak{L}_S = \mathfrak{r}_S \times m\mathfrak{v}_S = \mathfrak{r}_S \times m \frac{d\mathfrak{r}_S}{dt}. \tag{26}$$

Da nun $\mathfrak{r}_S \times d\mathfrak{r}_S$ nach der Definition des Vektorproduktes den doppelten Flächeninhalt $2f$ der in der Zeit dt vom Radiusvektor überstrichenen Fläche bezeichnet, die wir uns als Vektor $2d\mathfrak{f}$ wieder senkrecht zur Fläche zu denken haben, so bedeutet

$$\mathfrak{L}_S = 2\,m \frac{d\mathfrak{f}}{dt} \tag{27}$$

die m-fache doppelte Flächengeschwindigkeit und daher $\frac{d\mathfrak{L}_S}{dt}$ die m-fache doppelte Flächenbeschleunigung $2m\frac{d^2\mathfrak{f}}{dt}$. Wir werden auf die Anwendung dieses Satzes an späterer Stelle zurückkommen.

Mit Benutzung von (25) reduziert sich (23) auf

$$\frac{d\mathfrak{L}'}{dt} = \mathfrak{M}', \tag{28}$$

d. h. der **Schwungsatz gilt in derselben Weise auch für den Schwerpunkt als Bezugspunkt, von dessen Translationsbewegung wir also dabei ganz absehen können.** Es ist also bestätigt, daß die Bewegung des starren Körpers sich zusammensetzt aus der von der ersten Bewegungsgleichung abhängigen Translation des Schwerpunktes als Träger der Gesamtmasse und Angriffspunkt aller Kräfte und der Drehbewegung um den als fest angenommenen Schwerpunkt. Auf die weitere Umgestaltung des Ausdrucks für den Schwung werden wir später ausführlich eingehen. Vorläufig wollen wir von der Ausdehnung des Körpers absehen und uns mit der Schwerpunktsbewegung allein beschäftigen.

5. Kapitel

Freie Bewegung im Kraftfeld

24. Besondere Kraftfelder. Das wichtigste wirbelfreie Kraftfeld ist das Schwerfeld der Erde. Wenn ein Massenpunkt m aus der Höhe z_0 bis zur Höhe z fällt, so ist die Arbeit $mg(z_0-z)$ geleistet worden. Unsere Energiegleichung hat also die Form

(1) $$\tfrac{1}{2}\, mv^2 = mg(z_0 - z)$$

oder

(2) $$\tfrac{1}{2}\, mv^2 + mgz = mgz_0 = h.$$

$U = mgz$ ist das Potential der Schwerkraft. Die Flächen gleichen Potentials sind horizontale Ebenen.

Das Schwerefeld gehört, wie noch genauer gezeigt wird, dem allgemeinen Gravitationsfeld an, das die Bewegungen der Planeten um die Sonne und der Monde um die Planeten beherrscht. Die Anziehungskraft für die Planeten hat nach Newton die Form

(3) $$\mathfrak{K} = -\mathfrak{l}\,\frac{\lambda m}{r^2},$$

wo $\mathfrak{l} = \frac{\mathfrak{r}}{r}$ den Einheitsvektor in der Richtung vom Sonnenmittelpunkt nach dem Planeten (m), λ eine Konstante bedeuten. Es folgt dann

$$\int_\infty^r \mathfrak{K}\cdot d\mathfrak{r} = -\lambda m \int_\infty^r \frac{\mathfrak{r}\cdot d\mathfrak{r}}{r^3} = -\lambda m \int_\infty^r \frac{d(\frac{1}{2}\,r^2)}{r^3} = -\lambda m \int_\infty^r \frac{dr}{r^2} = \frac{\lambda m}{r}.$$

Das Potential der Gravitation ist also

$$U = -\frac{\lambda m}{r}. \tag{4}$$

Es ist gleichwertig der Arbeit, die geleistet werden muß, um eine Masse m aus der Stellung r bis ins Unendliche zu bringen. Die Potentialflächen sind konzentrische, um das Zentrum gelegte Kugelflächen, deren Potentialwerte umgekehrt proportional dem Radius abnehmen. Allgemein ergibt sich, daß alle Zentralkräfte, welche die Richtung des Radiusvektors von einem (Attraktions-)Zentrum haben und deren Größe nur von dem Abstand von dem Zentrum abhängt, ein Potential besitzen. Zu ihnen gehören z. B. die elastischen Kräfte, die in linearer Weise vom Radiusvektor abhängen. In den nächsten Nummern werden die Bewegungen in Kraftfeldern der erwähnten Art genauer verfolgt.

25. **Die Wurf- oder Schußbewegung ohne Luftwiderstand.** Wenn man die horizontale Richtung als x-Achse, die vertikale Richtung als y-Achse festsetzt und annimmt, daß die Anfangsgeschwindigkeit mit dem Absolutwert v_0 mit der Horizontalen den Winkel α bildet, so haben wir für die Beschleunigung nach Division mit m die Grundgleichung

$$\mathfrak{b} = 0\mathfrak{i} - g\mathfrak{j}.$$

Durch Integration und Benutzung der Anfangsbedingungen ($v_x = v_0 \cos\alpha$, $v_y = v_0 \sin\alpha$ für $t = 0$ entsteht

$$\mathfrak{v} = v_0 \cos\alpha\, \mathfrak{i} + (v_0 \sin\alpha - gt)\mathfrak{j} \tag{5}$$

und durch weitere Integration mit $x = g = 0$ für $t = 0$ erhält man schließlich

$$\mathfrak{r} = (v_0 t \cos\alpha)\mathfrak{i} + (v_0 t \sin\alpha - \tfrac{1}{2} g t^2)\mathfrak{j} \tag{6}$$

und daraus durch Elimination von t aus den Ausdrücken für die Koordinaten die Gleichung der Wurfbahn in der Form

$$y = x \operatorname{tg}\alpha - \frac{g x^2}{2 v_0^2 \cos^2\alpha}. \tag{7}$$

Das ist eine Parabel mit vertikaler Achse. Die Wurfweite X und die Wurfhöhe H ergeben sich zu

(8) $$X = \frac{v_0^2}{g} \sin 2\alpha; \quad H = \frac{v_0^2}{2g} \sin^2 \alpha.$$

Man sieht, daß X bei veränderlichen Elevationswinkel und konstanter Anfangsgeschwindigkeit v_0 für $\alpha = \frac{\pi}{4}$ ein Maximum $\left(\frac{v_0^2}{g}\right)$ besitzt und die größte Höhe $\left(\frac{v_0^2}{2g}\right)$ bei dem vertikal aufwärts gerichteten Wurf $\left(\alpha = \frac{\pi}{2}\right)$ erreicht wird.

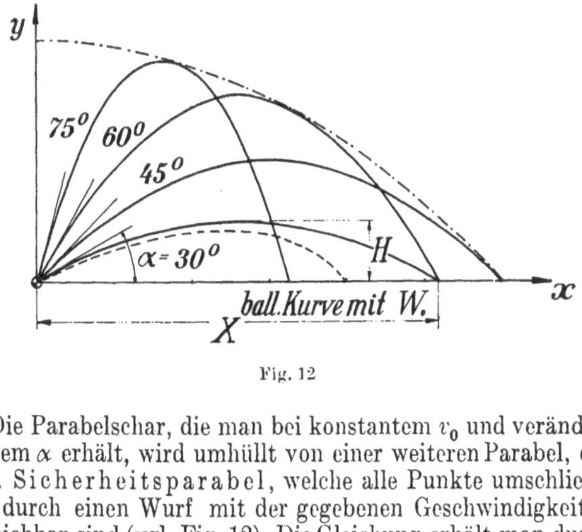

Fig. 12

Die Parabelschar, die man bei konstantem v_0 und veränderlichem α erhält, wird umhüllt von einer weiteren Parabel, der sog. Sicherheitsparabel, welche alle Punkte umschließt, die durch einen Wurf mit der gegebenen Geschwindigkeit v_0 erreichbar sind (vgl. Fig. 12). Die Gleichung erhält man durch Elimination von α zwischen (7) und der durch Differentiation nach α daraus abgeleiteten Gleichung, in der Form

(9) $$y = \frac{v_0^4 - g^2 x^2}{2 v_0^2};$$

diese Parabel hat den Nullpunkt zum Brennpunkt und die y-Achse zur Symmetrielinie. Je zwei Parabeln der Grundschar schneiden sich in einem Punkt; also kann jeder Punkt durch zwei Wurfparabeln getroffen werden. Nur wenn der Punkt auf der Sicherheitsparabel liegt, fallen die beiden ihn erreichenden Wurfparabeln zusammen.

26. Der Flachschuß mit Luftwiderstand. Die Bewegung in der Luft hat einen Widerstand zu überwinden, der dem Geschwindigkeitsvektor entgegenwirkt und in der Form

$$\mathfrak{W} = -\frac{\mathfrak{v}}{v}\zeta\frac{\gamma}{g}f(v) \tag{10}$$

angesetzt werden kann, wo $\gamma = g$ die Masse der Volumeneinheit der Luft, ζ einen Koeffizienten, der von der Form oder der Größe der der Luft ausgesetzten Fläche abhängt und $f(v)$ eine Funktion der Geschwindigkeit bedeutet, die für $v = 0$ verschwindet und mit v über alle Grenzen wächst. Führen wir dann noch den Neigungswinkel ϑ der Bahn gegen die Horizontale (x-Achse) und die Abkürzung $\frac{\zeta\gamma}{gm} = k$ ein, so lauten die Bewegungsgleichungen

$$\frac{dv_x}{dt} = -kv^2\cos\vartheta\,, \tag{11a}$$

$$\frac{dv_y}{dt} = -g - kv^2\sin\vartheta\,. \tag{11b}$$

Setzen wir $\cos\vartheta = \frac{dx}{ds}$ (ds Bogenelement), so geht die erste Gleichung über in

$$\frac{dv_x}{v_x} = -kds\,, \tag{12}$$

woraus

$$v_x = v_{0x}e^{-ks},\quad v = \frac{v_{0x}}{\cos\vartheta}e^{-ks} = v_0\frac{\cos\alpha}{\cos\vartheta}e^{-ks} \tag{13}$$

sich ergibt, wenn v_{0x} die anfängliche x-Komponente der Geschwindigkeit bedeutet und $\vartheta_0 = \alpha$ gesetzt wird. v_x wird erst gleich Null für $s = \infty$, d. h. die Bahn besitzt eine vertikale Asymptote, deren Lage noch zu bestimmen ist (vgl. Fig. 12). Die Grenzgeschwindigkeit für $s = \infty$, $\vartheta = -\frac{\pi}{2}$ ergibt sich übrigens unmittelbar aus der Gleichung

$$\dot{v}_y = -g + kv^2 = 0 \tag{14}$$

zu

$$v_{s=\infty} = u_0 = \sqrt{\frac{g}{k}}. \tag{15}$$

Es ist vorteilhaft, statt der Gl. (11b) den Ausdruck für die Normalbeschleunigung zu benutzen (vgl. Nr. 13)

$$\frac{v^2}{\varrho} = g \cos \vartheta. \tag{16}$$

Setzen wir den Krümmungsradius $\varrho = -\frac{ds}{d\vartheta}$, $v = \frac{v_x}{\cos\vartheta}$ und eliminieren ds, so kommt

$$-\frac{dv_x}{v_x^3} + \frac{k}{g}\frac{d\vartheta}{\cos^3\vartheta} = 0. \tag{17}$$

Integration liefert

$$\frac{1}{v_x^2} = \frac{1}{v_{0x}^2} + \frac{k}{g}\left[\frac{\sin\alpha}{\cos^2\alpha} - \frac{\sin\vartheta}{\cos^2\vartheta} + \lg\frac{\operatorname{tg}\left(\frac{\alpha}{2}+\frac{\pi}{4}\right)}{\operatorname{tg}\left(\frac{\vartheta}{2}+\frac{\pi}{4}\right)}\right]. \tag{18}$$

Damit ist auch $v = \frac{v_x}{\cos\vartheta}$ bekannt, und aus Gl. (16) folgt

$$-\frac{v d\vartheta}{dt} = g \cos\vartheta,\ dt = -\frac{v d\vartheta}{g \cos\vartheta},$$

woraus

$$\left.\begin{aligned} x &= \int v\cos\vartheta d\vartheta = -\frac{1}{g}\int v^2 \operatorname{tg}\vartheta d\vartheta \\ y &= -\frac{1}{g}\int v^2 \operatorname{tg}\vartheta d\vartheta \end{aligned}\right\} \tag{19}$$

sich ergibt. Die Integrale sind in endlicher Form nicht angebbar, sondern nur näherungsweise zu bestimmen.

Im Falle flacher Flugbahn können wir für die Bogenlänge s angenähert die Abzisse x einführen und $\cos\vartheta \sim 1$ setzen, dann geben die Gleichungen (13) und (16)

$$v_x = v_0 \cos\alpha e^{-kx},\ v_x^2 = -\frac{dx}{d\vartheta}\cos\vartheta$$

$$\frac{d^2y}{dx^2} = \frac{d}{dx}\left(\operatorname{tg}\vartheta\right) = \frac{1}{\cos^2\vartheta}\frac{d\vartheta}{dx} \sim \frac{d\vartheta}{dx} = -\frac{g\cos\vartheta}{v_x^2}$$

$$= -\frac{g}{v_0^2\cos^2\alpha}e^{2kx}.$$

Nach zweimaliger Integration unter Beachtung der Anfangsbedingungen, erhalten wir die Flugbahn

$$(20) \qquad y = x \operatorname{tg} \alpha - \frac{g}{4k^2 v_0^2 \cos^2 \alpha} \left(-1 - 2kx + e^{2kx} \right).$$

Wenn man die Reihenentwicklung

$$e^z = 1 + \frac{z}{1!} + \frac{z^2}{2!} + \cdots$$

benutzt, so ergibt sich folgende Darstellung für die Bahnkurve

$$(21) \qquad y = x \operatorname{tg} \alpha - \frac{g}{2v_0^2 \cos^2 \alpha} x^2 - \frac{gk}{3v_0^2 \cos^2 \alpha} x^3 - \cdots,$$

wo auch $\cos \alpha \sim 1$ gesetzt werden kann.

27. Vertikale Bewegung. 1. Wenn der Körper vertikal aufwärts geworfen wird, so haben wir die eine Bewegungsgleichung

$$(22) \qquad \dot{v} = -g - kv^2,$$

die leicht integriert werden kann. Setzt man $\frac{g}{k} = u_0^2$ und die Anfangsgeschwindigkeit $v = v_0$, so ergibt sich

$$(23) \qquad t = -\int \frac{dv}{g + kv^2} = \frac{u_0}{g} \left[\operatorname{arctg} \frac{v_0}{u_0} - \operatorname{arctg} \frac{v}{u_0} \right].$$

Weiter folgt aus (22) durch Multiplikation mit $dy = v\,dt$

$$(24) \qquad -\frac{v\,dv}{g + kv^2} = dy, \quad y = \frac{u_0^2}{2g} \lg \frac{u_0^2 + v_0^2}{u_0^2 + v^2}.$$

Daraus ergeben sich dann mit $v = 0$ die Ausdrücke für die Steigzeit τ und Steighöhe h. Wendet man die bekannten Reihen an für $\lg(1 + z) = z - \frac{1}{2} z^2 + \frac{1}{3} z^3$ und $\operatorname{arctg} z = \frac{z}{1} - \frac{z^3}{3} + \cdots$, so erhält man die übersichtlichen Reihenausdrücke

$$(25) \qquad \begin{aligned} \tau &= \frac{v_0}{g} \left[1 - \frac{kv_0^2}{3g} + \frac{k^2 v_0^4}{5g^2} - \cdots \right]; \\ h &= \frac{v_0^2}{2g} \left[1 - \frac{kv_0^2}{2g} + \frac{k^2 v_0^4}{3g^2} - \cdots \right]. \end{aligned}$$

Man sieht dann, daß diese Reihen mit $k = 0$ wieder zu den von früher her bekannten, für den luftleeren Raum gültigen Werten führen.

Elimination von v_0 gibt ferner die Beziehung

(26) $$\cos\frac{g\tau}{u_0} = e^{-\frac{gh}{u_0^2}},$$

die eine Bestimmung des Widerstandskoeffizienten $k = \frac{g}{u_0^2}$ aus h und τ gestattet.

2. Wenn der Körper aus der Höhe h herabfällt ohne Anfangsgeschwindigkeit, so geht die Bewegungsgleichung über in

(27) $$\dot{v} = g - kv^2.$$

Der Fall umfaßt z. B. die Abwärtsbewegung eines Fallschirmes. Die Lösungen ergeben sich unmittelbar aus dem vorigen Fall, wenn man g durch $-g$ ersetzt. Man erhält dann mit Einführung der hyperbolischen Funktionen z. B.

(28) $$v = u_0 \mathfrak{Tg}\frac{gt}{u_0}\,; \quad s = \frac{1}{k}\lg \mathfrak{Cof}\frac{gt}{u_0}$$

Aus dem ersten Ausdruck sieht man, daß die nach theoretisch unendlich langer Zeit erreichte Grenzgeschwindigkeit $v = u_0$ ist. Auf die Besprechung weiterer Einzelheiten wollen wir hier verzichten.

28. Zentralbewegung. Bemerkenswert ist der Fall, daß die im Schwerpunkt angreifende Kraft dauernd durch den Momentenpunkt 0 hindurchgeht. Dann ist das statische Moment der Kraft gleich Null, und wir haben nach dem Flächensatz

(29) $$\mathfrak{r} \times m\mathfrak{v} = \mathfrak{C},$$

d. h. gleich einer konstanten gerichteten Größe $\mathfrak{C}$. Es folgt daraus, daß die Bewegung in einer zu $\mathfrak{C}$ senkrechten Ebene vor sich geht, und die Flächengleichung sagt weiter aus, daß die Flächengeschwindigkeit konstant ist oder daß der Radiusvektor des sich bewegenden (Schwer-)Punktes m in gleichen Zeiten gleiche Flächen überstreicht. Die besonderen Bewegungsgleichungen in ebenen Koordinaten lassen sich nach Nr. 14 sofort hinschreiben. Wir haben in Polarkoordinaten

(30) $$b_r = \ddot{r} - rw^2$$

(31) $$b_\varphi = \frac{1}{r}\frac{d}{dt}(r^2 w) = 0.$$

In unserem Fall wird $b_\varphi = 0$, also

(32) $$r^2\dot{\varphi} = h = \text{konst.}$$

Setzt man den daraus sich ergebenden Wert $w = \frac{h}{r^2}$ in die Gl. (30) ein, und berücksichtigt

$$\dot{r} = -h\,\frac{d\left(\frac{1}{r}\right)}{d\varphi}\,; \quad \ddot{r} = -\frac{h^2}{r^2}\,\frac{d^2\left(\frac{1}{r}\right)}{d\varphi^2}\,,$$

so kommt mit $\frac{1}{r} = u$

(33) $$b_r = -h^2u^2\left[\frac{d^2u}{d\varphi^2} + u\right].$$

Das Quadrat der Geschwindigkeit wird dagegen wegen $v^4 = \dot{r}^2 + (r\dot{\varphi})^2$

(34) $$v^2 = h^2\left[\left(\frac{du}{d\varphi}\right)^2 + u^2\right].$$

Der Ausdruck b_r kann noch wie folgt umgestaltet werden. Die in der Bahnnormalen liegende zentripetale Beschleunigung wird, wenn n der Abstand des Punktes 0 von der Tangente ist

$$b_n = b_r\,\frac{n}{r}.$$

Da $b_n = \frac{v^2}{\varrho}$, ferner $vn = h$, so folgt

(35) $$b_r = -\frac{h^2r}{n^3\varrho}.$$

Nun ist, wenn $d\vartheta$ den Kontingenzwinkel zwischen zwei benachbarten Tangenten bezeichnet, $\varrho = \frac{ds}{d\vartheta} = \frac{rdr}{dn}$, also

(36) $$b_r = -\frac{h^2dn}{n^3dr}.$$

29. Besondere Fälle. 1. Ebene harmonische Bewegung. Beschreibt der Punkt eine Ellipse und nimmt man den Mittel-

punkt als Kraftzentrum an, so ergibt die Beschleunigung aus der Polargleichung

$$\frac{1}{r^2} = \frac{\cos^2\varphi}{a^2} + \frac{\sin^2\varphi}{b^2}$$

bzw. aus den Ausdrücken für ϱ und n in den rechtwinkligen Koordinaten des sich bewegenden Punktes

$$\text{(37)} \qquad \varrho = \frac{(x^2b^4 + y^2a^4)^{\frac{3}{2}}}{a^4b^4}, \quad n^3 = \frac{a^6b^6}{(x^2b^4 + y^2a^4)^{\frac{3}{2}}}$$
$$b_r = -\frac{h^2}{a^2b^2}r.$$

Bei der Zentralbewegung auf einer um den Mittelpunkt beschriebenen Ellipse ist also die Beschleunigung bzw. die Attraktionskraft dem Radiusvektor proportional. Umgekehrt läßt sich zeigen, daß ein Punkt, der einer (elastischen) Kraft proportional dem Abstand vom Zentrum folgt, eine Ellipse beschreibt. Denn aus der Komponentendarstellung

$$b_x = -\alpha^2 x, \quad b_y = -\alpha^2 y$$

erhält man durch Integration

$$\text{(38)} \quad x = A\cos\alpha t + B\sin\alpha t; \quad y = C\cos\alpha t + D\sin\alpha t.$$

Elimination von t führt dann wieder zur Gleichung einer Ellipse. Mit Hilfe von (34) erhalten wir für die Geschwindigkeit der Bewegung

$$\text{(39)} \quad v^2 = \frac{h^2(a^4\cos^2\varphi + b^4\sin^2\varphi)}{a^2b^2(a^2\sin^2\varphi + b^2\cos^2\varphi)} = \frac{h^2}{a^2b^2}r_1^2; \quad v = \frac{h}{ab}r_1,$$

wenn r_1 der zu P gehörige konjugierte Durchmesser ist ($a^2 + b^2 = r^2 + r_1^2$). Man sieht, daß die Geschwindigkeit diesem Durchmesser verhältnisgleich ist. Die größte Geschwindigkeit wird im Endpunkt der kleinen, die kleinste im Endpunkt der großen Achse erreicht. Die Umlaufzeit beträgt

$$\tau = \frac{2\pi}{\alpha}.$$

30. Planetenbewegung und Keplersche Gesetze. Bezeichnen wir mit m die Masse des Zentralkörpers oder der Sonne, mit m die Masse etwa eines Planeten, so läßt sich das Gesetz für die Attraktionskraft zwischen beiden Körpern nach Newton in der Form

$$(40)\qquad \mathfrak{K} = -f\frac{\mathfrak{r}}{r}\frac{m_0 m}{r^2} = -\frac{\mathfrak{r}}{r}\,m\,\frac{k^2}{r^2}$$

darstellen, wo r den Abstand der Schwerpunkte und f eine universelle Konstante bezeichnet. Beziehen wir die Planetenbewegung auf den Sonnenmittelpunkt als Anfangspunkt, so ist die auf den Planeten bezogene radiale Beschleunigung $b_r = -\frac{k}{r^2}$, und wir erhalten nach (33) für $u = \frac{1}{r}$ die Differentialgleichung

$$(41)\qquad \frac{d^2u}{d\varphi^2} + u = \frac{k}{h^2} = \frac{1}{p}.$$

Setzen wir $u = \frac{1}{p} + z$, so erfüllt z die Gleichung

$$\frac{d^2z}{d\varphi^2} + z = 0,$$

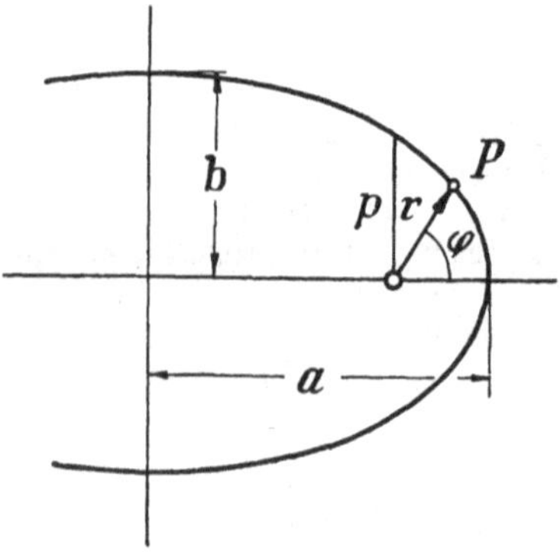

Fig. 13

woraus

$$z = A\cos(\varphi - \varepsilon)$$

sich ergibt. Sei $A = \frac{e}{p}$, so entsteht die Polargleichung

$$(42)\qquad r = \frac{p}{1 + e\cos(\varphi - \varepsilon)}.$$

Die möglichen Bahnen sind also Kegelschnitte mit der Exzentrizität e, die den Ursprung zum Brennpunkt haben und deren Parameter $2p = \frac{2h^2}{k}$ ist. Drehen wir die Polarachse in die

Lage der großen Ellipsenachse ($\varepsilon = 0$) so wird nach

(43) $$v^2 = k\left[\frac{2}{r} + \frac{(e^2-1)k}{h^2}\right].$$

Durch Ausrechnung von e ergibt sich, daß der Kegelschnitt zur Ellipse, Parabel oder Hyperbel wird, je nachdem im Abstande r die Geschwindigkeit $v \lesseqgtr \sqrt{\frac{2k}{r}}$ ist. Insbesondere ist damit gezeigt, daß das erste Keplersche Gesetz eine unmittelbare Folge des Newtonschen Gravitationsgesetzes ist oder daß die Planeten unter dem Einfluß der Sonnenanziehung Ellipsen beschreiben, in deren Brennpunkt der Mittelpunkt der Sonne liegt. Das zweite Keplersche Gesetz ist identisch mit dem für jede Zentralbewegung gültigen Satz von der Konstanz der Flächengeschwindigkeit. Führen wir statt der doppelten Flächengeschwindigkeit $h = r^2\dot{\varphi}$ die Umlaufzeit τ_0 ein und nennen a und b die halben Achsen der Bahnellipse, so ist

$$\pi ab = \tau_0 \frac{h}{2}; \quad h = \frac{2\pi ab}{\tau_0}.$$

Damit erhält man für die allen Planeten gemeinsame Konstante k wegen $h^2 = pk = \frac{b^2}{a} k$ den Ausdruck

(44) $$fm_0 = k = 4\pi^2 \frac{a^3}{\tau_0^2}$$

und damit das dritte Keplersche Gesetz: Die Quadrate der Umlaufzeiten der Planeten verhalten sich wie die Kuben der halben großen Achsen ihrer Bahnellipsen.

31. Attraktion einer Kugelschale. Daß in der Tat, wie hier vorausgesetzt wurde, ein Massenkörper von der Gestalt einer Kugel, deren Massenelemente entsprechend dem Newtonschen Gesetz eine Gravitationswirkung ausüben, wie ein Punkt behandelt werden kann, ergibt sich sehr einfach aus dem Potential

(45) $$U = -f\frac{m_0 m}{r}$$

für einen irgendwie gelegenen Aufpunkt P von der Masse 1. Die Kugel um 0 zerlegt man in einzelne konzentrische unendlich dünne Schalen vom Radius ϱ, der Dicke $d\varrho$ und der spezifischen Masse $\mu = \frac{\gamma}{g}$, jede Schale wieder durch Ebenen senkrecht OP in ringförmige Scheiben mit dem Öffnungswinkel ϑ. Ist dann $OP = r_0$, ferner r der Abstand des Punktes P von dem Umfang eines solchen elementaren Ringes, so ist für eine Kugelschale

$$dU = -2\pi f \mu d\varrho \int_0^\pi \frac{\varrho^2 \sin\vartheta d\vartheta}{r} = -2\pi f \mu \varrho^2 d\varrho$$

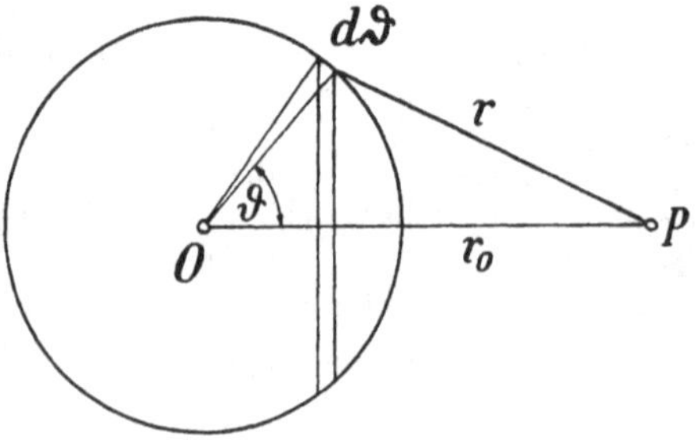

Fig. 14

(46) $$\int_0^\pi \frac{\sin\vartheta d\vartheta}{\sqrt{r_0^2 + \varrho^2 - 2r_0\varrho\cos\vartheta}}$$

$$= -2\pi f \mu \varrho d\varrho \left| \frac{\sqrt{r_0^2 + \varrho^2 - 2r_0\varrho\cos\vartheta}}{r_0} \right|_0^\pi .$$

Für einen äußeren Punkt P ($r_0 > \varrho$) wird mit $4\pi\mu\varrho^2 d\varrho = dm$

(47) $$dU = -\frac{4\pi f \mu \varrho^2 d\varrho}{r_0} = -\frac{f dm}{r_0},$$

für einen inneren Punkt ($r_0 < \varrho$) dagegen

(48) $$dU = -4\pi f \mu \varrho d\varrho.$$

Eine homogene Kugelschale wirkt daher auf einen äußeren Punkt so, als ob die ganze Masse im Mittelpunkt vereinigt wäre. Dasselbe gilt für die aus lauter homogenen Schalen zusammengesetzte Vollkugel.

Da aber für einen inneren Punkt das Potential konstant ist, so ergibt sich, daß die Wirkung der Gravitation einer geschlossenen Schale oder einer Hohlkugel auf das innere Gebiet verschwindet.

32. Weitere Folgerungen aus den Newton-Keplerschen Gesetzen. Newton verdankt man u. a. den Nachweis, daß die Gravitation mit der Schwerkraft auf der Erde identisch ist. Er benutzte dazu die Beobachtung des Mondumlaufs. Wenn man für die Mondbahn einen Kreis vom Radius r substituiert, so ist die Konstante k' für die Beschleunigung im Gravitationsfeld der Erde bei einer Umlaufszeit τ' des Mondes

(49) $$k' = 4\pi^2 \frac{r^3}{\tau'^2}$$

daher die Beschleunigung auf der Erdoberfläche, d. h. im Abstand des Erdradius r_e vom Mittelpunkt

(50) $$b_e = \frac{4\pi^2 r^3}{r_e^2 \tau'^2}.$$

Mit $r = 60\, r_e$, $t' = 27\frac{1}{3}$ Tage erhält man einen Wert $g = 9{,}8$ m/s², der mit der Fallbeschleunigung gut übereinstimmt.

Auf Grund von zahlreichen irdischen Beobachtungen und Messungen (Cavendish, Airy, Reich u. a.) hat man nun die mittlere Massendichte des Erdkörpers und die Gravitationskonstante $f = \frac{g r_e^2}{m_e} = \frac{\frac{3}{4} g}{\pi \mu r_e}$ zu $\mu = 5{,}5$ m/e³(g : cm³) und $f = 6{,}67 . 10^{-8}$ cm³ $g^{-1} s^{-2}$ im g-cm-sek-System ermittelt.

Durch Division der Gleichung (44) mit $f m_e = g r_e^2$ erhält man weiter das Verhältnis der Sonnen- und Erdmasse

(51) $$\frac{m_0}{m_e} = \frac{4\pi^2 a^3}{\tau_0^2 g r_e^2}$$

(wo a und τ_0 sich auf die Erdbahn beziehen).

Mit $a = 23700\, r_e$, $\tau_0 = 86400 . 365$ sek., $r_e = 6370$ km wird

$$m_0 = 355000\, m_e.$$

Da der Sonnenradius $r_1 = 112\, r_e$ ist, so ergibt sich eine mittlere spezifische Sonnenmasse $\mu_0 = 0{,}25\, \mu$.

6. Kapitel

Gebundene Bewegung des Punktes

33. Grundformeln. Ist die Bewegung des Massenpunktes m nicht mehr frei, sondern etwa an eine Fläche $F(xyz) = 0$ gebunden, so denkt man sich die Berührungsstelle von Punkt und Fläche als Sitz einer normal zur Fläche gerichteten Reaktionskraft $\mathfrak{N}$, die geeignet ist, den Widerstand der Fläche zu ersetzen, so daß der Punkt unter der Wirkung von $\mathfrak{N}$ und der eingeprägten Kraft $\mathfrak{K}$ gerade der Fläche folgt (Fig. 14). Wenn wir diese noch unbekannte Zwangskraft zunächst als Hilfsgröße mitführen, so können wir die Newtonsche Gleichung für die freie Bewegung in der Form

$$(1) \qquad m\ddot{\mathfrak{r}} = \mathfrak{K} + \mathfrak{N}$$

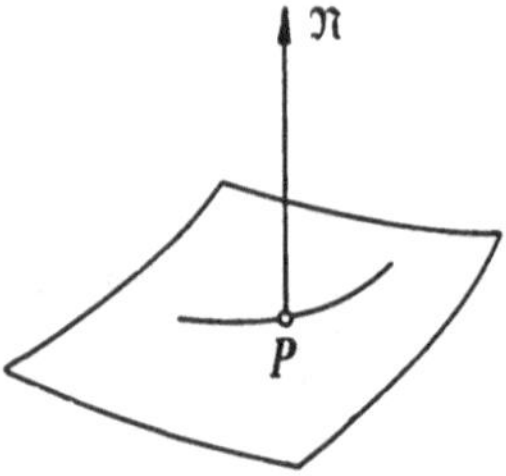

Fig. 15

anschreiben. Da nun der Richtungskosinus der Normalen zur Fläche gegen die Achsen den partiellen Ableitungen von F nach x, y, z, d. h. den Komponenten des Gradienten von F proportional sind, so können wir (1) überführen in

$$(2) \qquad m\ddot{\mathfrak{r}} = \mathfrak{K} + \lambda\nabla F.$$

Die Größe λ, die jetzt als Unbekannte noch übrigbleibt, kann man bestimmen, wenn man $F = 0$ zweimal differenziert und die in (2) enthaltenen zweiten Ableitungen substituiert. Damit erhält man dann die Größe des Normaldruckes an jeder Stelle. Bei diesem Ansatz ist zunächst angenommen, daß die Bewegung reibungsfrei erfolge. Im Falle der Reibung würde zu den Kräften $\mathfrak{K}$ und $\mathfrak{N}$ eine der Bewegungsrichtung entgegengesetzte tangentiale Kraft hinzukommen, die im allgemeinen nach Coulomb angenähert der Reaktionskraft N verhältnisgleich ausfällt, also als Vektor $= -f\frac{\mathfrak{v}}{v}\lambda\nabla F$ zu setzen ist.

Soll der Punkt m auf einer stetig gekrümmten Kurve oder gleichzeitig auf zwei Flächen $F_1 = 0$, $F_2 = 0$ sich bewegen so lautet die Bewegungsgleichung entsprechend

(3) $m\ddot{\mathfrak{r}} = \mathfrak{K} + \lambda_1 \nabla F_1 + \lambda_2 \nabla F_2 = \mathfrak{K} + \mathfrak{N}_1 + \mathfrak{N}_2.$

Die Resultierende $\mathfrak{N} = \mathfrak{N}_1 + \mathfrak{N}_2$ liegt in der Schmiegungsebene der Bahnkurve. λ_1 und λ_2 findet man wieder durch zweimalige Differentiation von $F_1 = 0, F_2 = 0$ und Benutzung von (3).

Wenn wir die Gleichungen (2) bzw. (3) mit $\delta\mathfrak{r}$ skalar multiplizieren, wo δ wieder eine virtuelle, d. h. mit den Zwangsbedingungen verträgliche Verrückung des Punktes bezeichnet, so ergibt sich wegen

$$\nabla F_1 \cdot \delta\mathfrak{r} = 0; \quad \nabla F_2 \cdot \delta\mathfrak{r} = 0$$

die Gleichung

(4) $$\left(m \frac{d^2\mathfrak{r}}{dt^2} - \mathfrak{K}\right) \cdot \delta\mathfrak{r} = 0\,,$$

die an Stelle der unbekannten Reaktionskraft das Verrückungsdifferential, also eine kinematisch bestimmte Größe enthält. Sie ersetzt vollständig die Bewegungsgleichung und bringt ein sehr allgemeines Prinzip zum Ausdruck, das wir erst im II. Teil ausführlich besprechen wollen und das dahin lautet, daß die virtuelle Arbeit der eingeprägten und der Trägheitskräfte oder die Arbeit der sog. „verlorenen" Kräfte verschwindet.

34. Natürliches Bezugssystem. Wenn man, was häufig vorteilhaft ist, die Bewegungsgleichungen auf das natürliche, durch Normale und Tangente bestimmte Koordinatensystem beziehen will (Nr. 12), so hat man für die Bewegung auf der Kurve (der Punkt falle etwa durch eine gekrümmte Röhre) mit Benutzung des früher abgeleiteten Ausdrucks für die Beschleunigung

(5) $$m\left(\mathfrak{e}_1 \frac{d^2s}{dt^2} + \mathfrak{e}_2 \frac{v^2}{\varrho}\right) = \mathfrak{K} + \mathfrak{N}\,,$$

wo $\mathfrak{e}_1$ und $\mathfrak{e}_2$ die Einheitsvektoren in tangentialer und in der hauptnormalen Richtung bedeuten. Für die Normalkraft gewinnt man also mit K_n als Normalkomponente von $\mathfrak{K}$ die Beziehung

$$(6) \qquad m\frac{v^2}{\varrho} = K_n + N.$$

Normalkraft und Normalkomponente von $\mathfrak{K}$ müssen also der zentrifugalen Trägheitskraft das Gleichgewicht halten. Ist z. B. der Massenpunkt an eine ebene Kurve als Bahn gebunden und wirkt auf ihn eine Kraft $\mathfrak{K}$ unter dem (im allgemeinen veränderlichen) Winkel α gegen die Normale auf der konvexen Seite, so zerlegt sich die Gleichung (5) nach der Tangente und Normalen in

$$(7) \qquad m\ddot{s} = K \sin\alpha; \; m\frac{v^2}{\varrho} = N - K\cos\alpha.$$

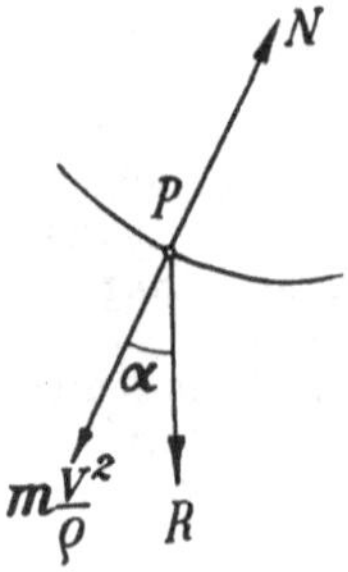

Fig. 16

Diese Gleichungen sind so zu behandeln, daß man zuerst die erste Gleichung integriert und den daraus erhaltenen Wert für die Geschwindigkeit in die zweite einsetzt.

35. **Das Trägheitsgesetz auf der Fläche.** Wir nehmen jetzt an, der materielle Punkt P bewege sich auf einer durch $F = 0$ dargestellten Fläche, ohne unter der Einwirkung äußerer Kräfte zu stehen. Die Bewegungsgleichung lautet in diesem Falle

$$(8) \qquad \ddot{\mathfrak{r}} = \lambda \nabla F.$$

Bilden wir das innere Produkt der linken Seite mit dem Einheitsvektor in der Tangentenrichtung, so wird nach (5) oder Nr. 13, (7)

$$(9) \qquad \mathfrak{e}_1 \cdot \mathfrak{e}_2 \frac{v^2}{\varrho} + \mathfrak{e}_1^2 \frac{d^2s}{dt^2} = 0$$

oder, da das erste Glied verschwindet,

$$(10) \qquad \frac{dv}{dt} = \frac{d^2s}{dt^2} = 0; \; v(t) = v_0,$$

d. h. die Geschwindigkeit ist konstant, wenn keine äußeren Kräfte wirken. Wir erhalten damit aus (8) nach

(11) $$v^2 \frac{d\mathfrak{e}_1}{ds} = \mathfrak{e}_2 \frac{v^2}{\varrho} = \lambda \nabla F.$$

Die Bewegung findet also so statt, daß die Hauptnormale der Bahnkurve mit der Flächennormalen zusammenfällt oder daß die Schmiegungsebene die Flächennormale enthält. Solche Linien heißen geodätische Linien; es sind zugleich diejenigen Kurven, die den kürzesten Weg zwischen zwei Punkten auf der Fläche angeben.

36. Berücksichtigung der Reibung. Wenn wir etwa bei der ebenen Bewegung auf einer Kurve die Reibung berücksichtigen, die entgegengesetzt der Geschwindigkeit gerichtet und proportional dem Stützdruck ist, so haben wir

(12) $$m\ddot{\mathfrak{r}} = \mathfrak{K} - \frac{\mathfrak{v}}{v} f \mid \nabla F \mid .$$

Ist keine Kraft vorhanden, so wird

(13) $$N = fm \frac{v^2}{\varrho}; \quad m\dot{v} = -fm \frac{v^2}{\varrho}$$

oder mit $\dot{v} = v \frac{dv}{ds}$

(14) $$\frac{dv}{v} = -f \frac{ds}{\varrho}, \quad v = v_0 e^{-f\int\limits_{s_0}^{s} \frac{ds}{\varrho}} = v_0 e^{-f\vartheta},$$

wenn v_0 die Anfangsgeschwindigkeit und ϑ den Winkel zwischen der Anfangs- und Endtangente bedeutet.

37. Bewegung auf der schiefen Ebene. Der einfachste Fall ist die Bewegung eines Punktes m auf einer schiefen Ebene unter dem Einfluß der Schwerkraft mg (Fig. 16 u. 17). Wenn keine Reibung vorhanden ist, so ergibt sich aus (7) mit $\varrho = \infty$

(15) $$N = mg \cos\alpha$$

und für die Abwärtsbewegung

(16) $$mb = mg \sin\alpha, \quad \dot{v} = g \sin\alpha.$$

Der Punkt bewegt sich mit einer konstanten, im Verhältnis $\sin\alpha : 1$ gegen den freien Fall verkleinerten Beschleunigung abwärts. Bei einer Aufwärtsbewegung mit der Anfangsgeschwindigkeit tritt eine entsprechende Verzögerung auf. Wenn eine Reibung fN der Bewegung entgegenwirkt, so ist

$$b = \pm g(\sin\alpha \mp f\cos\alpha), \tag{17}$$

je nachdem die Bewegung ab- oder aufwärts erfolgt. Führt man den sog. Reibungswinkel ein mit $f = \operatorname{tg}\gamma$, so kann man die Beschleunigung für beide Fälle in folgender Weise darstellen:

$$\dot{v} = \pm g\frac{\sin(\alpha \mp \gamma)}{\cos\gamma}. \tag{17a}$$

Die Bewegung nach abwärts ist beschleunigt, gleichförmig oder verzögert, je nachdem $\alpha \gtreqless \gamma$ ist; nach aufwärts ist die Bewegung in jedem Falle verzögert.

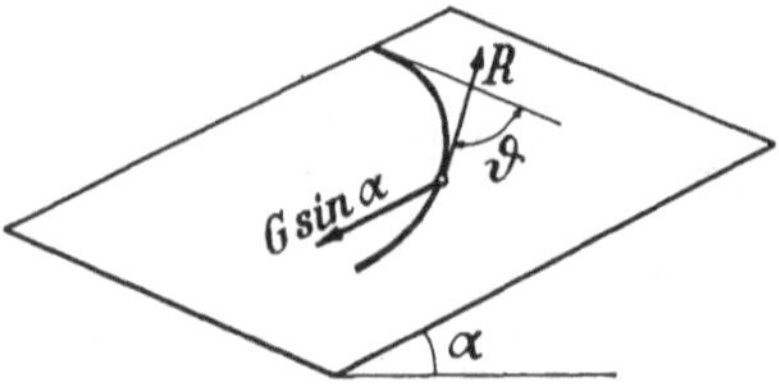

Fig. 17

Von der Gleitreibung ist die Haftreibung zu unterscheiden, von der man aussagen kann, daß sie unterhalb eines Grenzwertes $f_0 N$ bleibt. Der Winkel γ_0 ist gleichzeitig der Winkel der schiefen Ebene, bei dem der Körper gerade noch die Ruhelage behält. Erfahrungsgemäß ist der Gleitreibungswinkel γ etwas kleiner als γ_0. Aus (17) ergeben sich die Grenzwerte für die parallel zur Ebene angreifenden Kraft K für den Fall des Gleichgewichts

$$\frac{mg\sin(\alpha - \gamma_0)}{\cos\gamma_0} \leqq K \leqq \frac{mg\sin(\alpha + \gamma_0)}{\cos\gamma_0}. \tag{18}$$

Wenn der Punkt mit einer horizontalen Anfangsgeschwindigkeit v_0 die Bewegung auf der schiefen Ebene beginnt, so wird er eine krummlinige Bahn beschreiben und schließlich eine Bewegungsrichtung senkrecht zu $\mathfrak{v}_0$ annehmen. Ist der Winkel zwischen Bahntangente und der Horizontalen $= \vartheta$ so lauten die Bewegungsgleichungen in der tangentialen und normalen Richtung

$$\left.\begin{aligned} \dot{v} &= g \sin\alpha \sin\vartheta - fg \cos\alpha \\ \frac{v^2}{\varphi} &= g \sin\alpha \cos\vartheta. \end{aligned}\right\} \tag{19}$$

Setzt man $\varrho d\vartheta = ds$, $\varrho = \frac{vdt}{d\vartheta}$ und dividiert beide Seiten der Gleichungen durcheinander, so ergibt sich

$$\frac{dv}{v} = \operatorname{tg}\vartheta d\vartheta - f \operatorname{ctg}\alpha \frac{d\vartheta}{\cos\vartheta} \tag{20}$$

und durch Integration

$$\lg\frac{v}{v_0} = -\lg\cos\vartheta + f \operatorname{ctg}\alpha \lg\operatorname{ctg}\left(\frac{\pi}{4} + \frac{\vartheta}{2}\right). \tag{21}$$

Mit $\lambda = \frac{\operatorname{tg}\gamma}{\operatorname{tg}\alpha}$ folgt für v der Wert

$$v = v_0 \frac{\operatorname{ctg}^{\lambda}\left(\frac{\pi}{4} + \frac{\vartheta}{2}\right)}{\cos\vartheta}. \tag{22}$$

Wenn ϑ sich dem Werte $\frac{\pi}{2}$ nähert, so werden Zähler und Nenner gleich Null. Es sind dann folgende Fälle zu unterscheiden.

a) Ist $\gamma < \alpha$ oder $\lambda < 1$, so wird

$$\lim_{\vartheta = \frac{\pi}{2}} v = \infty \tag{23}$$

b) $\gamma > \alpha$, $\lambda > 1$ gibt

$$\lim_{\vartheta = \frac{\pi}{2}} v = 0 \tag{24}$$

c) Wenn $\gamma = \alpha$, $\lambda = 1$, so wird der Grenzwert

$$\lim_{\vartheta = \frac{\pi}{2}} v = v_0 \lim \frac{\operatorname{ctg}\left(\frac{\pi}{4} + \frac{\vartheta}{2}\right)}{\cos\varphi} = \tfrac{1}{2} v_0. \tag{25}$$

In bezug auf die weitere Behandlung der Aufgabe, insbesondere die Berechnung der Zeit und der Horizontalkomponente des Weges verweisen wir auf das Lehrbuch von G. Hamel.

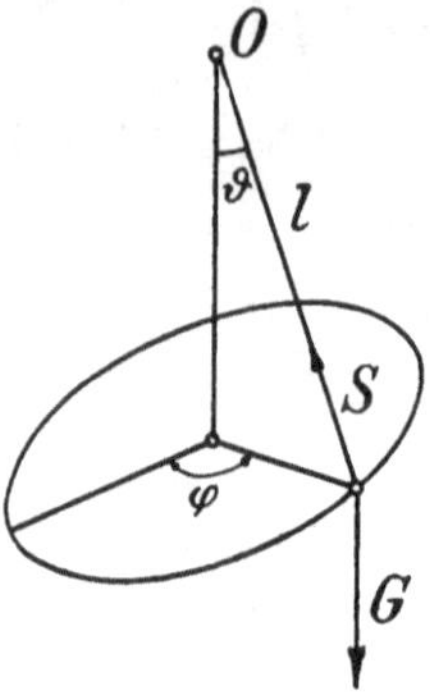

Fig. 18

38. **Bewegung des Fadenpendels.** Die reibungsfreie Bewegung eines schweren Massenpunktes auf einer Kugel kann durch ein am unteren Ende mit einem Gewicht belastetes Fadenpendel realisiert werden, dessen unbelastetes Ende in einem Punkt 0, dem Mittelpunkt der Kugel aufgehängt ist (vgl. Fig. 18). Wenn wir die Winkel ϑ (zwischen Faden und Vertikalrichtung nach unten) und φ (Längenazimut in der Horizontalebene) einführen und $r = l \sin \vartheta$, $z = l \cos \vartheta$ setzen, so ergeben sich mit der Fadenspannung S folgende Gleichungen:

$$(26) \quad m(\ddot{r} - r\dot{\varphi}^2) = ml[\cos \vartheta \ddot{\vartheta} - \sin \vartheta (\dot{\vartheta}^2 + \dot{\varphi}^2)] = -S \sin \vartheta$$

$$(27) \quad m\ddot{z} = -ml(\sin \vartheta \ddot{\vartheta} + l \cos \vartheta \dot{\vartheta}^2) = mg - S \cos \vartheta$$

$$(28) \quad m(r\ddot{\varphi} + 2\dot{r}\dot{\varphi}) = \frac{m}{r}\frac{d}{dt}(r^2\dot{\varphi}) = 0.$$

Die dritte Momentengleichung (Flächensatz) führt durch Integration zur Konstanz der Flächengeschwindigkeit

$$(29) \quad r^2\dot{\varphi} = C = l^2 \sin^2 \vartheta \dot{\varphi}.$$

Eliminiert man S und benutzt (29), so kommt

$$(30) \quad l\ddot{\vartheta} - \frac{C^2}{l^3}\frac{\cos \vartheta}{\sin^3 \vartheta} + g \sin = 0.$$

Das erste Integral dieser Gleichung ergibt wegen $\ddot{\vartheta} d\vartheta = d(\frac{1}{2}\dot{\vartheta}^2)$ den Energiesatz in der Form

$$(31) \quad \dot{\vartheta}^2 = \frac{2g}{l}\cos \vartheta - \frac{C^2}{l^4 \sin^2 \vartheta} + H.$$

Ferner erhält man aus (26) und (27) (Multiplikation mit $\sin\vartheta$, bzw. $\cos\vartheta$ und Addition) für die Fadenspannung den Wert

$$S = m\left[g(3\cos\vartheta - 2\cos\vartheta_0) + \frac{C^2}{l^2\sin^2\vartheta_0}\right], \tag{32}$$

wenn ϑ_0 den Anfangswert von ϑ mit $\dot\vartheta = 0$ bedeutet.

Wir betrachten zwei bemerkenswerte Partikularlösungen.

a) Kegelpendel: $\vartheta = \text{konst.} = \vartheta_0$, $r = \text{konst.}$, $z = h$. Dann ergibt sich unmittelbar aus unseren Formeln

$$r\dot\varphi^2 = g\,\mathrm{tg}\,\vartheta_0;\; v^2 = rg\,\mathrm{tg}\,\vartheta_0;\; S = \frac{mg}{\cos\vartheta_0}. \tag{33}$$

Die Umlaufzeit wird

$$\tau = \frac{2\pi r}{v} = 2\pi\sqrt{\frac{h}{g}}. \tag{34}$$

Bemerkungen zum allgemeinen Fall. Man kann leicht zeigen, daß die Kreisbewegung des Kegelpendels bei einer kleinen Störung in die elliptische Bewegung übergeht, wie sie in Nr. 29 beschrieben wurde. Man setzt zu dem Zweck $\vartheta = \vartheta_0 + x$, $\dot\varphi = w_0 + \varepsilon$, wo ϑ_0 und $\dot\varphi_0 = w_0$ die stationären Werte bezeichnen, dann läßt sich die Differentialgleichung für x bei Unterdrückung der quadratischen Glieder mit x oder ε leicht in die Form

$$\ddot x + \alpha^2 x = 0 \tag{35}$$

überführen, wo

$$\alpha^2 = \frac{g}{l}\,\frac{(1 + 3\cos^2\vartheta_0)}{\cos\vartheta_0} \tag{36}$$

zu setzen ist. Die weitere Diskussion der Gleichung ergibt dann, daß bei größeren Ausschlägen ϑ_0 die Schwingungsellipse ihre Lage nicht beibehält, sondern allmählich im Sinne des Umlaufs sich verdreht, so daß eine mehrfach verschlungene Bahnkurve entsteht.

b) Das ebene Pendel: $\varphi = \text{konst.}$, $C = 0$. In diesem Fall ergibt sich

$$\ddot\vartheta + \frac{g}{l}\sin\vartheta = 0 \tag{37}$$

(38) $\dot{\vartheta}^2 = \frac{2g}{l}(\cos\vartheta - \cos\vartheta_0)$; $S = mg\,(3\cos\vartheta - 2\cos\vartheta_0)$.

39. Schwingungsdauer des ebenen Pendels. Setzt man zur Lösung des Integrals der Gleichung

(39) $$t = \sqrt{\frac{l}{2g}}\int\frac{d\vartheta}{\sqrt{\cos\vartheta - \cos\vartheta_0}}$$

$\sin\frac{\vartheta}{2} = \frac{\sin\vartheta_0}{2}\sin\psi = k\sin\psi$, so verändert sich ψ von 0 bis $\frac{\pi}{2}$, während ϑ das Intervall von 0 bis ϑ_0 durchläuft, und wir erhalten für die Zeit bzw. Schwingungsdauer

(40) $$t = \sqrt{\frac{l}{g}}\int_0^{\psi}\frac{d\psi}{\sqrt{1-k^2\sin^2\psi}} = \sqrt{\frac{l}{g}}\,F(\psi, k);$$
$$\tau = \sqrt{\frac{l}{g}}\int_0^{\frac{\pi}{2}}\frac{d\psi}{\sqrt{1-h^2\sin^2\psi}} = \sqrt{\frac{l}{g}}\,F\left(\frac{\pi}{2}, k\right).$$

$F(\psi, k)$ ist das elliptische Normalintegral erster Gattung. Für kleine Werte von k ergibt sich die Entwicklung

(41) $$(1-k^2\sin^2\psi)^{-\frac{1}{2}} = 1 + \tfrac{1}{2}k^2\sin^2\psi + \frac{1\cdot 3}{2\cdot 4}k^4\sin^4\psi + \ldots$$

Setzt man $\int_0^{\frac{\pi}{2}}\sin^{2n}\psi\,d\psi = u_{2n}$, so gilt die Rekursionsformel

(42) $$u_{2n} = \frac{2n-1}{2n}\,u_{2n-2}.$$

Das gibt dann

(43) $$u_{2n} = \frac{1\cdot 3\cdot 5\ldots(2n-1)}{2\cdot 4\cdot 6\ldots 2n}\,u_0.$$

Mit $u_0 = \frac{\pi}{2}$ erhalten wir daher für τ die Reihe

$$\tau = 2\pi \sqrt{\frac{l}{g}} \left[1 + \left(\frac{1}{2}\right)^2 k^2 + \left(\frac{1 \cdot 3}{2 \cdot 4}\right)^2 k^4 + \dots \right] \tag{44}$$

mit der ersten Näherung für kleine Ausschläge

$$\tau = 2\pi \sqrt{\frac{l}{g}} . \tag{45}$$

Bei größeren Werten von k muß man weitere Glieder der gut konvergierenden Reihe benutzen.

40. Allgemeine ebene Pendelschwingungen. Bewegt sich ein punktartiger Körper P auf einer ebenen Kurve (als Schnitt einer Zylinderfläche mit horizontaler Mantellinie mit der Vertikalebene) unter dem Einfluß der Schwerkraft, so wird er im allgemeinen periodische Bewegungen ausführen, wenn die Kurve von einem mittleren Tiefenpunkt an nach beiden Seiten aufsteigt. Wenn man die Schwingungen mit einem irgendwo befestigten tragenden Faden verwirklichen will, so müssen bestimmte widerstehende Flächen (Leisten) angebracht werden, an die sich der Faden, ohne entspannt zu werden, anlehnen bzw. auf die er sich auf- oder abwickeln kann, damit der Punkt die vorgeschriebene Kurve einhält. Man sieht, daß die Spur dieser Flächen die Evolute der Bahnkurve sein muß. Beginnt die Bewegung von der Höhe h und nehmen wir die z-Achse vertikal nach oben, so haben wir für die Geschwindigkeit in einer beliebigen Höhe z nach dem Arbeitssatz

$$\dot{s}^2 = v^2 = 2g(h - z) \tag{46}$$

und für die Fallzeit

$$\tau = \frac{1}{\sqrt{2g}} \int \frac{ds}{\sqrt{h - z}} . \tag{47}$$

Man kann sich die Frage stellen, ob es eine Kurve gibt, die so beschaffen ist, daß die Fallzeit bis zum tiefsten Punkt $z = 0$ von h unabhängig wird, daß also bei einem dieser Kurve angepaßten Pendel die Schwingungsdauer von der Größe des Ausschlages unabhängig wird.

Wir können zunächst (47) so umformen, daß wir an Stelle von s die Funktion $f(z)$ setzen. Dann erhalten wir

$$\sqrt{2g}\, \tau = \int_0^h \frac{f'(z)dz}{\sqrt{h - z}} . \tag{48}$$

Substituieren wir $z = \xi h$, so wird

$$\sqrt{2g}\,\tau = \int \frac{\sqrt{h f'(h\xi)}\,d\xi}{\sqrt{1-\xi}}. \tag{48a}$$

Es muß $\frac{d\tau}{dh}$ verschwinden. Differentiation ergibt aber

$$2h\xi f''(h\xi) + f'(h\xi) = 2z f''(z) + f'(z) = 0$$

als Differentialgleichung der Tautochrone. Es folgt dann weiter

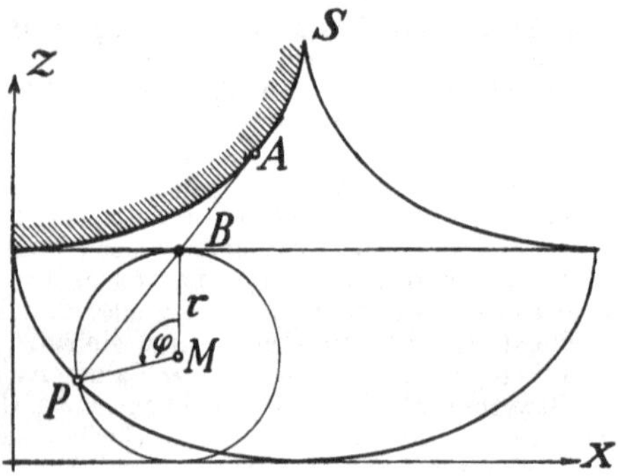

Fig. 19

$$\frac{f''(z)}{f'(z)} = -\frac{1}{2z}; \quad \lg f'(z) = -\tfrac{1}{2}\lg z + \tfrac{1}{2}\lg c$$
$$f'(z) = \sqrt{\frac{c}{z}} \tag{49}$$

oder, wenn wir uns der Bedeutung von $f(z)$ erinnern,

$$\frac{ds}{dz} = \sqrt{\frac{c}{z}}, \quad s = 2\sqrt{cz}. \tag{50}$$

Führen wir $\frac{dz}{ds} = -\cos\frac{\varphi}{2}$, $\frac{dx}{ds} = \sin\frac{\varphi}{z}$ ein, so ergibt sich

$$z = c\sin^2\frac{\varphi}{2} = \frac{c}{2}(1+\cos\varphi), \quad x = \frac{c}{2}(\varphi - \sin\varphi). \tag{51}$$

Das sind aber die Gleichungen einer gemeinen Zykloide, deren erzeugender Kreis den Radius $r = \frac{c}{2}$ hat (vgl. Fig. 19). Bekanntlich ist die Evolute der Zykloide eine zur ursprünglichen kongruente Zykloide, die um $2r$ in der vertikalen und um πr in der horizontalen Richtung gegen diese verschoben ist. Der schwere Endpunkt P eines in der Spitze S dieser Zykloide aufgehängten Fadenpendels von der Länge l ($= 4\,r$) beschreibt, wenn sich der Faden auf der Kurve auf- und abwickelt, die Evolvente.

Die Schwingungsdauer ergibt sich aus unseren Formeln zu

$$(52)\qquad \begin{aligned} \tau_0 &= 4\sqrt{\frac{c}{2g}}\int\frac{dz}{\sqrt{z(h-z)}} = 4\sqrt{\frac{r}{g}}\left[\arcsin\frac{2z-h}{h}\right]_0^h \\ &= 4\pi\sqrt{\frac{r}{g}} = 2\pi\sqrt{\frac{l}{g}} \end{aligned}$$

Die für das in der Ebene frei schwingende Pendel unter der Annahme kleiner Ausschläge berechnete Schwingungsdauer hat für das Zykloidenpendel eine allgemeine, von Ausschlag unabhängige Gültigkeit.

7. Kapitel

Schwingungsbewegungen

41. Allgemeines. Wir haben im vorigen Kapitel Bewegungen kennengelernt, die unter dem Einfluß von Kräften zustande kommen, welche dem Abstande des Massenpunktes von einer gewissen Ruhe- oder Mittellage proportional und der Bewegung stets entgegengesetzt sind. Sie sind periodischer Natur, d. h. daher ausgezeichnet, daß ein Zustand in gleichen Zeitabständen sich wiederholt. Der Punkt führt dann um die mittlere Lage dauernde Schwingungen aus, die erst unter der Wirkung einer dämpfenden Widerstandskraft allmählich zur Ruhe kommen. In typischer Weise werden diese Schwingungen durch elastische Verbindungen vermittelt, z. B. durch eine hängende Schraubenfeder, die am Ende eine schwere Masse trägt. In diesem Falle trifft das lineare Abhängigkeitsgesetz der Kraft mit großer Genauigkeit zu. Aber auch für die Pendelschwingungen konnten wir unter der Annahme kleiner Ausschläge die elementare Gleichung

$$\ddot{\mathfrak{r}} + \alpha^2\mathfrak{r} = 0$$

zugrunde legen. Da nun weiter eine große Menge von periodischen Erscheinungen aus dem physikalisch-technischen Gebiete sich unter dem Gesichtspunkt der harmonischen Schwingung betrachten lassen, so wollen wir diese Bewegungsart, namentlich die dämpfenden und störenden Einflüsse etwas genauer verfolgen.

Dabei nehmen wir zunächst an, daß die Bewegung eindimensional ist oder nur einen Freiheitsgrad hat. Wir setzen die für die Lage des Punktes maßgebende Veränderliche $= x$, wobei x entweder als eine lineare Koordinate, also die Bewegung als Translationsschwingung oder als Winkelmaß, also die Bewegung wie beim Pendel als Drehschwingung uns vorstellen können.

Es sind nun zwei Arten Widerstände möglich. Wenn die Bewegung des Körpers (etwa durch Vermittlung einer Feder) auf einer Fläche oder längs einer Führung erfolgt, so wird eine angenähert konstante Reibung R auftreten, der jedesmal der Geschwindigkeit entgegengesetzt ist. In manchen Fällen ist jedoch diese Reibung von dem nicht mehr konstanten Reaktionsdruck abhängig und daher selbst veränderlich. In der Luft oder in einer Flüssigkeit bzw. durch eine nach Art der Ölbremsen, z. B. bei Regulatoren sich betätigende Vorrichtung, wird eine mit der Geschwindigkeit ungefähr linear anwachsende Dämpfung die Beschleunigung zu hindern suchen. Ferner können wir annehmen, daß außer der elastischen Kraft eine mit der Zeit, etwa periodisch veränderliche störende oder erregende Kraft vorhanden ist, die den Schwingungsverlauf wesentlich beeinträchtigen kann.

42. Reibungsschwingung. Wir werden zunächst nur eine konstante Reibung als Widerstandskraft annehmen. In diesem Fall haben wir bei der Bewegung den Hingang und den Rückgang zu unterscheiden. Für den Hingang gilt die Gleichung

$$\ddot{x} + \alpha^2 x + R_0 = 0, \tag{1}$$

die mit $x + \frac{R_0}{\alpha^2} = y$ in

$$\ddot{y} + \alpha^2 y = 0 \tag{1a}$$

übergeht. Die Lösung ist

(2) $$x = -\frac{R_0}{\alpha^2} + a\cos(\alpha t + \eta).$$

Für den Rückgang, dem die Gleichung

(3) $$\ddot{x} + \alpha^2 x - R_0 = 0$$

entspricht, wird dagegen

(4) $$x = \frac{R_0}{\alpha^2} + a'\cos(\alpha t + \eta').$$

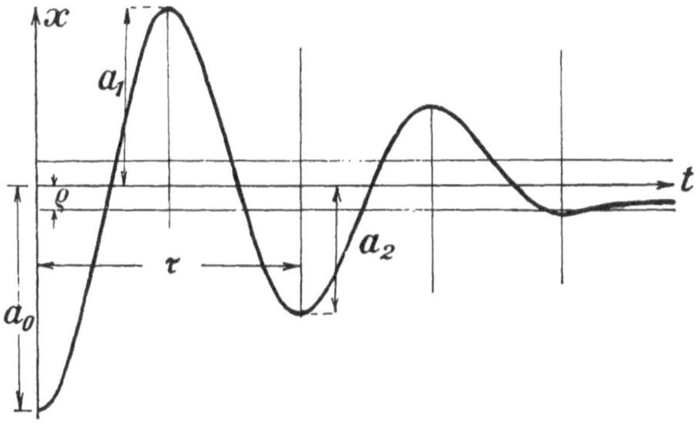

Fig. 20

Im ersten Falle haben wir also eine harmonische Schwingung um die Mittellage $x = -\frac{R_0}{\alpha^2} = -\varrho$, im zweiten Fall eine Schwingung um die Lage $x = \frac{R_0}{\alpha^2} = +\varrho$. Wenn die Schwingung zur Zeit $t = 0$ die Amplitude $-a_0$ hat und $\dot{x} = 0$ wird, so ist $\eta = 0$ und $-a_0 = -\varrho + a$, $a = -a_0 + \varrho$ zu setzen und während einer halben Schwingungsdauer $t \leqq \frac{\tau}{2}$ wird

$$x = -\varrho - (a_0 - \varrho)\cos\alpha t.$$

Nach Ablauf der halben Periode $\frac{\tau}{2}$ wird $x = a_0 - 2\varrho$. Jetzt beginnt der Rückgang und bis zur Erreichung der vollen Schwingungsdauer $\frac{\tau}{2} \leqq t < \tau$ haben wir

$$x = \varrho - (a_0 - 3\varrho) \cos \alpha t$$

und für $t = \tau$

$$x = \varrho - (a_0 - 3\varrho) = -a_0 + 4\varrho.$$

Man sieht also, daß das Schwingungsdiagramm (die tx-Kurve) aus einzelnen Sinuslinien gleicher Frequenz besteht, die in den Rückkehrstellen zusammenhängen und deren maximale Amplituden nach einer arithmetischen Reihe abnehmen. Nach einer endlichen Anzahl von Schwingungen wird der Ausschlag $< \varrho$ und damit der schwingende Körper zur Ruhe kommen (vgl. Fig. 20).

43. Freie gedämpfte Schwingung. Bei einer mit der Geschwindigkeit proportionalen Dämpfung ohne konstante Reibung hat unsere Differentialgleichung für x die linear-homogene Form

(5) $$\ddot{x} + 2\beta\dot{x} + \alpha^2 x = 0.$$

Zum Aufbau der Lösung setzt man $x = e^{kt}$, dann ergibt sich nach Einsetzung und Division mit der e-Potenz für k die quadratische Gleichung

$$k^2 + 2\beta k + \alpha^2 = 0$$

mit den Wurzeln

$$k_{1,2} = -\beta \pm \sqrt{\beta^2 - \alpha^2}.$$

Wir haben nun drei Hauptfälle zu unterscheiden:

1. Fall mit kleiner Dämpfung. Ist $\alpha > \beta$ und setzt man $\sqrt{\beta^2 - \alpha^2} = i\gamma$, so wird bei Einführung der trigonometrischen Funktionen

(6) $$x = e^{-\beta t}(a \cos \gamma t + b \sin \gamma t) = c e^{-\beta t} \cos (\gamma t + \eta).$$

Man hat also in diesem Fall eine gedämpft-harmonische Schwingung, deren Amplituden nach der Exponentialfunktion $e^{-\beta t}$ abnehmen. Die Schwingungsdauer

(7 $$\tau = \frac{2\pi}{\gamma} = \frac{2\pi}{\sqrt{\alpha^2 - \beta^2}}$$

ist gegenüber dem dämpfungsfreien Fall vergrößert.

Zur Bestimmung der Konstanten legen wir etwa die Anfangsbedingungen zugrunde für $t = 0$ soll $x = x_0$ und $\dot{x} = v = 0$ sein. Dann hat man zwei Gleichungen für die Größen a und b, und man erhält durch eine elementare Rechnung $a = x_0$, $b = x_0 \frac{\beta}{\gamma}$. Daher wird

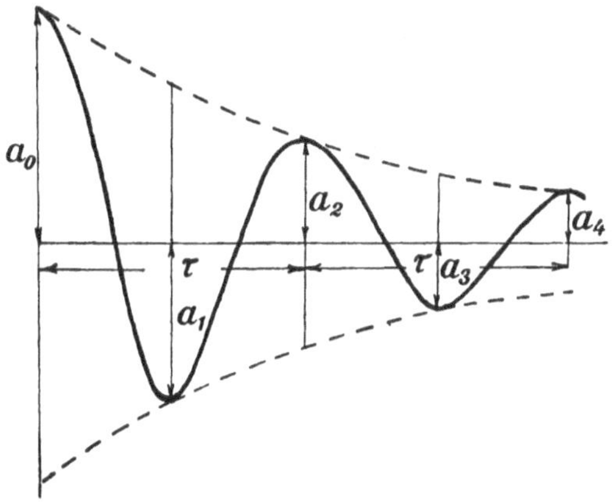

Fig. 21

(8) $$x = x_0 e^{-\beta t} \left(\cos \gamma t + \frac{\beta}{\gamma} \sin \gamma t\right).$$

Sind x_i und x_{i+1} zwei um eine halbe Schwingungsdauer zeitlich auseinanderliegende Ausschläge gleicher Phase, so erhält man die Beziehung

(9) $$\frac{x_i}{x_{i+1}} = -e^{\frac{\pi\beta}{\gamma}} = -e^{\frac{\beta\tau}{2}};\ \lg\left|\frac{x_i}{x_{i+1}}\right| = \frac{\beta\tau}{2};\ \lg \frac{x_i}{x_{i+2}} = \beta\tau.$$

Das logarithmische Dekrement (Gauß) beider Ausschläge ist also konstant. Dieses einfache Gesetz gestattet, aus der Beobachtung der Amplituden und der Schwingungsperiode umgekehrt die Größe der Dämpfung zu ermitteln.

In der Fig. 21 ist der Fall $x = ce^{-\beta t} \cos \gamma t$ gezeichnet. Man sieht, daß die Schwingungskurve von den beiden logarithmischen Kurven $x = ce^{-\beta t}$ in den Punkten $t = 0, \frac{\tau}{2}, \tau \ldots$ mit den Amplituden $a_0 a_1 \ldots$ berührt wird. Die Maximalstellen liegen in der Nähe dieser Punkte.

2. Fall großer Dämpfung. Ist $\beta > \alpha$, so sind die trigonometrischen Funktionen durch die Hyperbelfunktionen zu ersetzen. Man hat mit $\sqrt{\beta^2 - \alpha^2} = \delta$ die Lösung

$$(10) \qquad x = e^{-\beta t}(a \operatorname{Cof} \delta t + b \operatorname{Sin} \delta t).$$

Mit den Anfangsbedingungen $x = x_0$ und $v = 0$ für $t = 0$ wird z. B.

$$(11) \qquad x = x_0 e^{-\beta t}\left(\operatorname{Cof} \delta t + \frac{\beta}{\gamma} \operatorname{Sin} \delta t\right).$$

Die Bewegung hat einen aperiodischen Charakter. Da für unbegrenzt wachsende Zeit

$$\lim_{t \to \infty} x = \frac{x_0(\beta + \delta)}{4\delta} e^{(\delta - \beta)t} = 0$$

wird wegen $\beta > \delta$, so nähert sich die xt-Kurve von einer gewissen Stelle an mit zunehmendem t immer mehr der t-Achse (vgl. Fig. 22). Für die Lösungsform liegt das Maximum von x auf der x-Achse. Ferner folgt aus 11 und der zweiten Ableitung

$$(12) \qquad \ddot{x} = \alpha^2 x_0 e^{-\beta t} \left[\frac{\beta}{\delta} \operatorname{Sin} \delta t - \operatorname{Cof} \delta t\right],$$

daß die Nullstelle und die Wendestelle der Kurve in gleichen Abständen vom Maximum, und zwar auf verschiedenen Seiten liegen. Die Zeitabszissen für diese beiden Stellen sind aus

$$\mathfrak{Tg}\,\delta t = \pm \frac{\delta}{\beta}$$

zu entnehmen. Auf der negativen Seite der Zeit kommt die Kurve aus dem Unendlichen.

3. Fall $\beta = \alpha$. Aus der Theorie der linearen Differentialgleichungen ist bekannt, daß in diesem Fall der aus (6) resultierenden Lösung noch das weitere partikulare Integral $te^{-\alpha t}$ hinzugefügt werden muß. Die Gesamtlösung ist dann

(13) $$x = e^{-\alpha t}(a + bt).$$

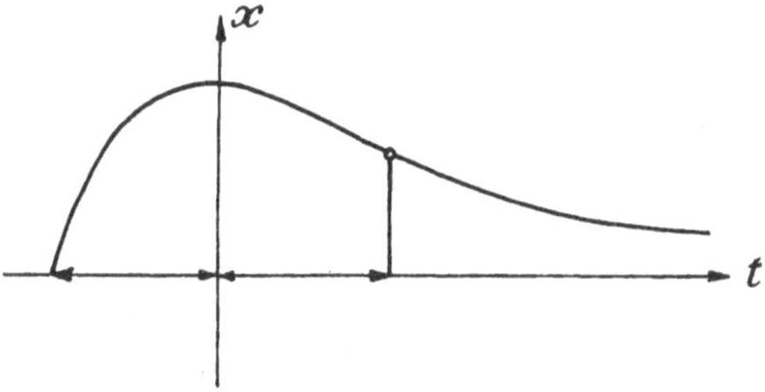

Fig. 22

Ist z. B. wieder für $t = 0 : x = x_0, \dot{x} = 0$, so wird

(14) $$x = x_0 e^{-\alpha t}(1 + \alpha t).$$

Auch hier ergeben sich für die Nullstelle und Wendestelle die beiden entgegengesetzt gleichen Werte $t = \pm \frac{1}{\alpha}$. Die tx-Kurve nähert sich wieder asymptotisch der positiven t-Achse.

44. Zweidimensionale Schwingungen. Wenn der Massenpunkt nach zwei Richtungen eine Schwingung ausführt, so ist es zweckmäßig, zur Zusammenfassung der Koordinaten x und y die komplexe Variable $z = x + iy$ zu verwenden. Die Gleichung

(15) $$\ddot{z} + 2\beta\dot{z} + \alpha^2 z = 0$$

hat dann die allgemeine Lösung

$$(16) \qquad z = e^{-\beta t}(Ae^{i\gamma t} + Be^{-i\gamma t}),$$

wo für A und B die komplexen Werte $A = a_1 + ia_2$, $B = b_1 + ib_2$ gesetzt werden können. Wenn z. B. für $t = 0$, $z = x_0$, $\dot{z}_0 = iv_0$ sein soll, so findet man durch eine einfache Rechnung im Anschluß an die früheren Ergebnisse

$$(17) \qquad z = e^{-\beta t}\left[x_0\left(\cos\gamma t + \frac{\beta}{\gamma}\sin\gamma t\right) + i\frac{v_0}{\gamma}\sin\gamma t\right]$$

und daraus

$$(18) \qquad x = x_0 e^{-\beta t}\left(\cos\gamma t + \frac{\beta}{\gamma}\sin\gamma t\right); \quad y = \frac{v_0}{\gamma}e^{-\beta t}\sin\gamma t.$$

Trägt man zusammengehörige Werte von x und y als Koordinaten auf, so erhält man als Bahn des Punktes eine spiralartige Kurve, die der Grundform einer Ellipse angepaßt ist und sich in unendlich vielen Windungen um den Anfangspunkt herumschlingt.

Im dämpfungsfreien Fall $\beta = 0$ geht die Spirale, wie man sofort durch Elimination von t erkennt, in die Ellipse

$$(19) \qquad \frac{x^2}{x_0^2} + \frac{y^2\alpha^2}{v_0^2} = 1$$

der rein harmonischen Bewegung über.

45. Erzwungene Schwingung ist durch das Vorhandensein eines Störungsgliedes auf der rechten Seite der Gleichung mit periodischer Funktion der Zeit gekennzeichnet. Wir werden hier die komplexe Veränderliche $z = x + iy$ einführen, die nicht nur zur Erfassung der zweidimensionalen Schwingungsvorgänge, sondern auch rein rechnerisch viele Vorteile bietet. Der Übergang zu reellen Größen ist ohne weiteres vollziehbar. Wir legen die allgemeine Gleichung in der Form

$$(20) \qquad \ddot{z} + 2\beta\dot{z} + \alpha^2 z = \sum_{\nu=0}^{n} p_\nu e^{i(\nu w t + \eta_\nu)}$$

zugrunde. Sei z_ν die Lösung, die dem ν-ten Summanden rechts entspricht, so ist $z = \Sigma z_\nu$ eine Lösung der vollständigen

Gleichung. Wir können uns daher auf die Betrachtung der vereinfachten Gleichung

(21) $$\ddot{z} + 2\beta\dot{z} + \alpha^2 z = p e^{i(wt + \eta)}$$

beschränken. Setzen wir

(22) $$z = C e^{i(wt + \eta)},$$

so ergibt sich durch Einsetzung

$$-Cw^2 + 2i\beta w C + C\alpha^2 = p\,.$$

Setzt man

$$\alpha^2 - w^2 = \varrho \cos\psi; \quad 2\beta w = \varrho \sin\psi,$$

so wird

(23) $$(\alpha^2 - w^2)^2 + (2\beta w)^2 = \varrho^2; \quad \operatorname{tg}\psi = \frac{2\beta w}{\alpha^2 - w^2}$$

und

(24) $$C = \frac{p}{\varrho} e^{-i\varphi}.$$

Daraus folgt die partikulare Lösung

(25) $$z = \frac{p}{\sqrt{(\alpha^2 - w^2)^2 + (2\beta w)^2}} e^{i(wt + \eta - \psi)}\,.$$

Die allgemeine Lösung von (20) erhalten wir, wenn wir dieser partikularen Lösung der nicht-homogenen Gleichung das allgemeine Integral der homogenen Gleichung (5) hinzufügen, das bereits bekannt ist. Daher erhalten wir

(26) $$\begin{aligned} z = z_1 + z_2 = {} & A e^{-\beta t} e^{i(\gamma t + \varphi)} \\ & + \frac{p}{\sqrt{(\alpha^2 - w^2)^2 + (2\beta w)^2}} e^{i(wt + \eta - \psi)}\,. \end{aligned}$$

z_1 ist die sog. Eigenschwingung, z_2 die erzwungene Schwingung. Diese letztere stimmt in der Periode mit der erregenden Schwingung überein, während die Amplitude von der Eigenfrequenz und der Dämpfung abhängt. Sie besitzt ferner gegenüber der erregenden Schwingung eine Phasenverschiebung ψ, die von dem Dämpfungsfaktor abhängig und mit ihm verschwindet. Wenn die Frequenz der Eigenschwingung und der erregenden Schwingung übereinstimmen (Fall der Resonanz), so wird die Amplitude bei fehlender Dämpfung unendlich groß werden. Verfolgen wir im Falle der Dämpfung den Verlauf der Amplitude, so sieht man, daß die Amplitude, mit dem Werte $\frac{p}{\alpha}$ beginnend, zunächst ansteigt bis zu einem Maximum bei $w^2 = \alpha^2 - 2\beta^2$, das bei kleinem β etwas vor dem Resonanzpunkt ($w = \alpha$) liegt, um dann abzufallen

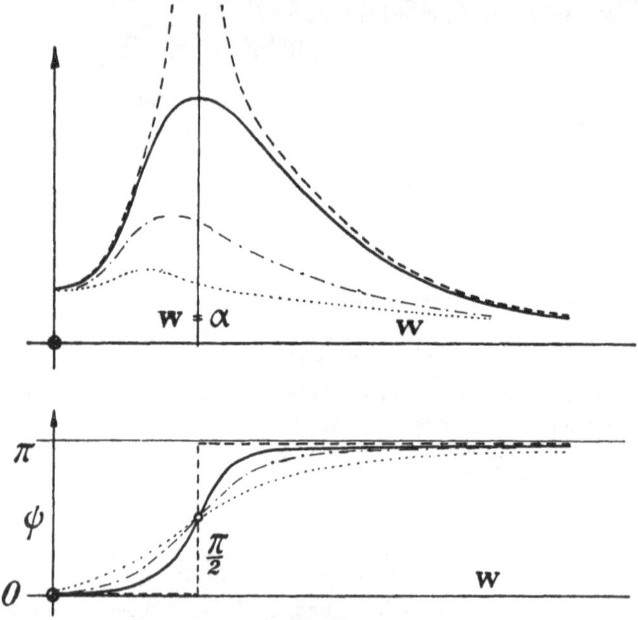

Fig. 23

und asymptotisch der Null sich zu nähern (Fig. 23). Der Winkel ψ der Phasenverschiebung verschwindet für $w = 0$, wird für die Resonanz $= \frac{\pi}{2}$ und nähert sich für unendliche w dem Werte π.

Einige technisch wichtige Beispiele für diese Schwingungen werden später gegeben.

III. Dynamik des Massenpunktes im bewegten Raum

8. Kapitel

Geschwindigkeit des starren Körpers

46. Vektor der Winkelgeschwindigkeit. Ein starrer Körper möge sich um eine feste Achse mit der Winkelgeschwindigkeit w drehen. Diese Winkelgeschwindigkeit können wir uns wieder durch einen in die Drehachse fallenden, etwa von dem Punkt 0 auf der Achse a ausgehenden Vektor $\mathfrak{w}$ dargestellt denken, dessen Richtung zusammen mit dem Drehsinn eine Rechtsschraube bildet (Fig. 24), so daß von seiner Spitze aus gesehen, die Drehung dem Uhrzeigersinne entgegengesetzt gerichtet ist. Wenn ein beliebiger Punkt P des Körpers von 0 aus den Radiusvektor $\mathfrak{r}$ hat, so ist die Geschwindigkeit durch das Vektorprodukt

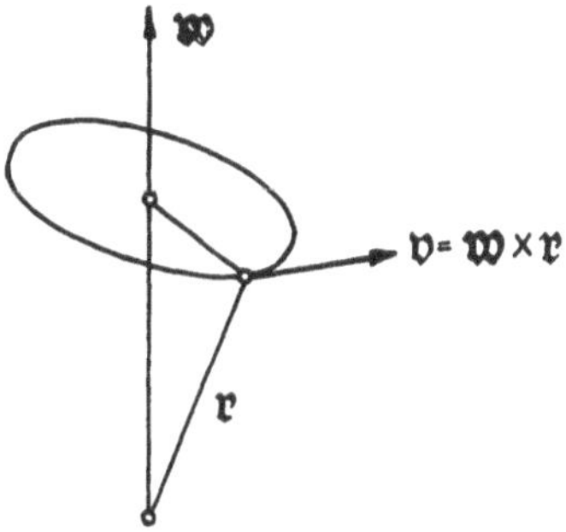

Fig. 24

$$(1) \qquad \mathfrak{v} = \mathfrak{w} \times \mathfrak{r}$$

dargestellt, denn $\mathfrak{v}$ ist senkrecht zur Ebene durch $\mathfrak{w}$ und $\mathfrak{r}$ gerichtet, und zwar im richtigen Umlaufssinn und absolut genommen $|\mathfrak{v}| = wr \sin(\mathfrak{w}, \mathfrak{r})$.

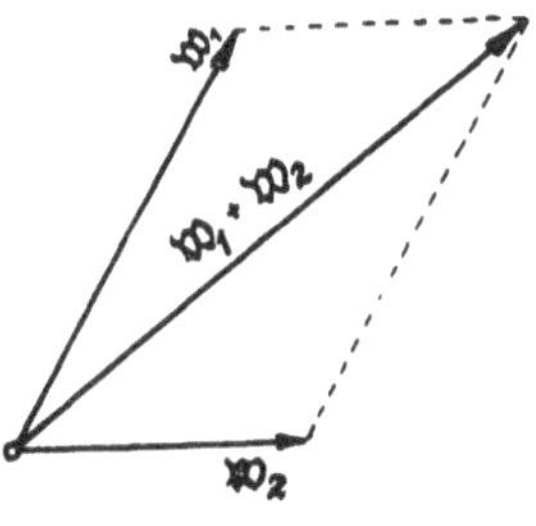

Fig. 25

Mit dem Vektor $\mathfrak{w}$ läßt sich in genau derselben Weise operieren wie mit den bereits bekannten Vektoren der Mechanik. Entsprechend dem distributiven Gesetz

$$(2) \qquad \mathfrak{w}_1 \times \mathfrak{r} + \mathfrak{w}_2 \times \mathfrak{r} = (\mathfrak{w}_1 + \mathfrak{w}_2) \times \mathfrak{r}$$

wird der Körper, dem gleichzeitig zwei Drehungen $\mathfrak{w}_1$ und $\mathfrak{w}_2$ durch 0 erteilt werden, eine resultierende Drehung ausführen, deren Vektor nach der Parallelogrammregel aus $\mathfrak{w}_1$ und $\mathfrak{w}_2$ zusammensetzbar ist (vgl. Fig. 25). Man kann das auch direkt nachweisen. Der Endpunkt des Vektors $\mathfrak{w} = \mathfrak{w}_1 + \mathfrak{w}_2$ hat in der Tat nach (2) die beiden entgegengesetzt gleichen Geschwindigkeiten $\mathfrak{w}_1 \times \mathfrak{w}$ und $\mathfrak{w}_2 \times \mathfrak{w}$, er bleibt also in Ruhe. Ferner wird ein Punkt außerhalb $\mathfrak{w}$, z. B. der Endpunkt von $\mathfrak{w}_1$ durch die Drehung $\mathfrak{w}$ dieselbe Geschwindigkeit $\mathfrak{w} \times \mathfrak{w}_1$ erhalten, wie durch die Drehungen $\mathfrak{w}_1$ und $\mathfrak{w}_2$ zusammen, nämlich $0 + \mathfrak{w}_2 \times \mathfrak{w}_1$.

47. Die Eulersche Formel. Die allgemeine unendlich kleine Lageänderung des starren Körpers läßt sich nun zusammensetzen aus der Verschiebung $d\mathfrak{c}$ eines im Körper festen Punktes C mit dem Ortsvektor $\mathfrak{c}$ und einer Drehung um eine durch C gehende momentane Drehachse durch einen Winkel $w dt$. Nennen wir den Ortsvektor von P in bezug auf 0 wieder $\mathfrak{r}$, in bezug auf C dagegen $\mathfrak{s}$, so hat P die Gesamtgeschwindigkeit

$$\mathfrak{v} = \dot{\mathfrak{c}} + \mathfrak{w} \times (\mathfrak{r} - \mathfrak{c}) = \dot{\mathfrak{c}} + \mathfrak{w} \times \mathfrak{s}\,. \tag{3}$$

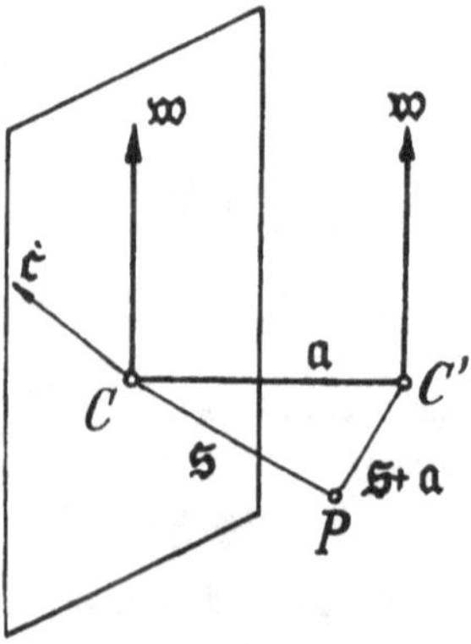

Fig. 26

Diese Formel spielt in der gesamten folgenden Entwicklung eine fundamentale Rolle.

48. Verlegung des Punktes C und Schraubenachse. Wir können uns die Frage vorlegen, ob es möglich ist, den Punkt C so nach C' zu verlegen, daß die Geschwindigkeit des neuen Punktes C' in die Drehachse fällt (Fig. 26). Die Aufgabe ist vollständig analog zum statischen Problem der Zentralachse oder Kraftschraube. Zu dem Zweck zerlegen wir die Geschwindigkeit $\dot{\mathfrak{c}}$ in eine Kom-

ponente senkrecht und eine parallel zu $\mathfrak{w}$. Wir können dann offenbar schreiben

$$(4) \qquad \dot{\mathfrak{c}} = \mathfrak{w} \times \mathfrak{a} + b\mathfrak{w},$$

wo $\mathfrak{a}$ ein Vektor und b ein Skalar ist. Skalare Multiplikation mit $\mathfrak{a}$ gibt

$$\dot{\mathfrak{c}} \cdot \mathfrak{a} = b\,\mathfrak{w} \cdot \mathfrak{a}\,.$$

Wir bestimmen nun $\mathfrak{a}$ so, daß $\mathfrak{w} \cdot \mathfrak{a} = 0$, also $\mathfrak{a}$ senkrecht steht auf $\mathfrak{w}$. Dann ist auch $\dot{\mathfrak{c}} \cdot \mathfrak{a} = 0$, d. h. $\mathfrak{a}$ steht senkrecht auf der Ebene $(\dot{\mathfrak{c}}, \mathfrak{w})$. Unter dieser Voraussetzung bestimmen sich b und $\mathfrak{a}$ dadurch, daß wir (4) skalar und vektoriell mit $\mathfrak{w}$ multiplizieren. Wir erhalten

$$\dot{\mathfrak{c}} \cdot \mathfrak{w} = \mathfrak{w} \cdot (\mathfrak{w} \times \mathfrak{a}) + bw^2 = bw^2,$$

also

$$(5) \qquad b = \frac{\dot{\mathfrak{c}} \cdot \mathfrak{w}}{w^2} = \frac{\dot{c}}{w} \cos(\dot{\mathfrak{c}}, \mathfrak{w}),$$

ferner

$$\mathfrak{c} \times \mathfrak{w} = (\mathfrak{w} \times \mathfrak{a}) \times \mathfrak{w} = \mathfrak{a}w^2 \quad (\text{da } \mathfrak{w} \cdot \mathfrak{a} = 0),$$

also

$$(6) \qquad \mathfrak{a} = \frac{\dot{\mathfrak{c}} \times \mathfrak{w}}{w^2}; \quad a = \frac{\dot{c}}{w} \sin(\dot{\mathfrak{c}}, \mathfrak{w})\,.$$

Für die Geschwindigkeit $\mathfrak{v}$ ergibt sich nun mit (3) und (4) der Ausdruck

$$(7) \qquad \mathfrak{v} = \mathfrak{w} \times (\mathfrak{s} + \mathfrak{a}) + b\mathfrak{w}\,.$$

Der erste Ausdruck stellt eine Drehung mit der Winkelgeschwindigkeit $\mathfrak{w}$ um eine zu $\mathfrak{w}$ parallele Achse durch den Punkt C' dar, der auf der Senkrechten zur Ebene $(\dot{\mathfrak{c}}', \mathfrak{w})$ im Punkte C liegt, und zwar in einem Abstande $CC' = -\mathfrak{a}$.

Es ergibt sich also, daß die momentane Bewegung des starren Körpers als Drehung um eine Achse und Translation in Richtung dieser Achse, d. h. als Schraubenbewegung sich darstellen läßt.

9. Kapitel

Gesetze der Relativbewegung

49. Geschwindigkeitsgesetz. Wir betrachten nun die Bewegung eines Punktes P im absoluten auf den festen Anfangspunkt 0 bezogenen Raum (R) und relativ zu dem Körper oder im Raum (R'), der selbst mit dem Bezugspunkt C eine Bewegung ausführt. Unter der Führungsgeschwindigkeit $\mathfrak{v}_f$ verstehen wir die Geschwindigkeit desjenigen Punktes in (R'), der momentan mit P zusammenfällt. Nach 47 (3) haben wir

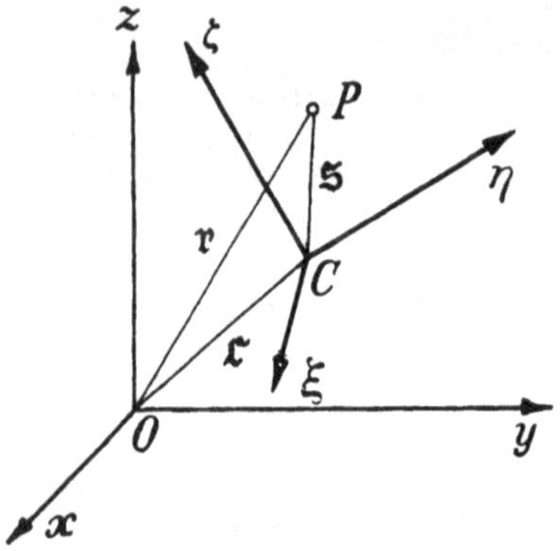

Fig. 27

(1) $$\mathfrak{v}_f = \dot{\mathfrak{c}} + \mathfrak{w} \times (\mathfrak{r} - \mathfrak{c}) = \dot{\mathfrak{c}} + \mathfrak{w} \times \mathfrak{s}.$$

Nun ergibt sich aus der unmittelbaren Anschauung, daß die absolute Geschwindigkeit der Vektorsumme aus der relativen und Führungsgeschwindigkeit gleich ist

(2) $$\mathfrak{v} = \mathfrak{v}_r + \mathfrak{v}_f$$

oder wenn wir die relative Geschwindigkeit mit deutschem Differentialzeichen schreiben

(3) $$\frac{d\mathfrak{r}}{dt} = \frac{\mathfrak{d}\mathfrak{s}}{dt} + \dot{\mathfrak{c}} + \mathfrak{w} \times \mathfrak{s}$$

Die daraus fließende Formel

(4) $$\frac{d\mathfrak{s}}{dt} = \frac{\mathfrak{d}\mathfrak{s}}{dt} + \mathfrak{w} \times \mathfrak{s}$$

enthält zugleich eine allgemeine Beziehung zwischen der

absoluten und relativen Änderung eines Vektors und kann dann in der Form

$$\frac{d\mathfrak{A}}{dt} = \frac{\delta\mathfrak{A}}{dt} + \mathfrak{w} \times \mathfrak{A} \tag{5}$$

geschrieben werden. Man sieht, daß die relative Änderungsgeschwindigkeit eines Vektors nur von der Rotation, nicht dagegen von der Translation abhängt.

50. Beschleunigungsgesetz. Wenden wir (4) bzw. (5) auf den Vektor der Relativgeschwindigkeit an, so wird

$$\frac{d\mathfrak{v}_r}{dt} = \frac{\delta\mathfrak{v}_r}{dt} + \mathfrak{w} \times \mathfrak{v}_r = \mathfrak{b}_r + \mathfrak{w} \times \mathfrak{v}_r \tag{6}$$

wo $\mathfrak{b}_r = \frac{\delta\mathfrak{v}_r}{dt}$ die relative Beschleunigung bedeutet. Ferner erhalten wir durch Differentiation von $\mathfrak{v}_f$

$$\frac{d\mathfrak{v}_f}{dt} = \ddot{\mathfrak{c}} + \dot{\mathfrak{w}} \times \mathfrak{s} + \mathfrak{w} \times \frac{d\mathfrak{s}}{dt} = \ddot{\mathfrak{c}} + \dot{\mathfrak{w}} \times \mathfrak{s} + \mathfrak{w} \times (\mathfrak{v}_r + \mathfrak{w} \times \mathfrak{s})\,. \tag{7}$$

Der Ausdruck setzt sich aus vier Teilen zusammen: der Beschleunigung infolge Translation, der Tangentialbeschleunigung $\dot{\mathfrak{w}} \times \mathfrak{s}$, der Zentripetalbeschleunigung $\mathfrak{w} \times (\mathfrak{w} \times \mathfrak{s})$ infolge Rotation und der rotatorischen Änderung $\mathfrak{w} \times \mathfrak{v}_r$ von $\mathfrak{v}_r$. Im Ganzen haben wir daher für die absolute Beschleunigung

$$\mathfrak{b} = \frac{d\mathfrak{v}}{dt} = \frac{d\mathfrak{v}_r}{dt} + \frac{d\mathfrak{v}_f}{dt} = \mathfrak{b}_r + [\ddot{\mathfrak{c}} + \dot{\mathfrak{w}} \times \mathfrak{s} + \mathfrak{w} \times (\mathfrak{w} \times \mathfrak{s})] + 2(\mathfrak{w} \times \mathfrak{v}_r) = \mathfrak{b}_r + \mathfrak{b}_f + \mathfrak{b}_c\,. \tag{8}$$

Sie besteht aus drei Teilen, der Relativbeschleunigung, der Führungsbeschleunigung und einer zweiten Zusatzbeschleunigung, auf die zuerst Coriolis (1835) aufmerksam machte und die daher auch als Coriolisbeschleunigung bezeichnet wird. Sie rührt zur Hälfte von der Änderung von $\mathfrak{v}_r$ und zur anderen Hälfte von der Änderung von $\mathfrak{v}_f$ her. Der Vektor $2\mathfrak{w} \times \mathfrak{v}_r$ steht senkrecht auf der von dem Drehvektor $\mathfrak{w}$ und der Relativgeschwindigkeit $\mathfrak{v}_r$ gebildeten Ebene und bildet mit

$\mathfrak{w}$ und $\mathfrak{v}_r$ ein Rechtssystem. Der absolute Wert ist $|\mathfrak{b}_c| = 2wv_r \sin(\mathfrak{w}, \mathfrak{v}_r)$.

Wenn wir den Ausdruck für die absolute Beschleunigung in die Newtonsche Grundgleichung einsetzen, so nimmt sie die Form an

$$(9) \qquad m(\mathfrak{b}_r + \mathfrak{b}_f + \mathfrak{b}_c) = \mathfrak{K}; \; m\mathfrak{b}_r = \mathfrak{K} - m\mathfrak{b}_f - m\mathfrak{b}_c.$$

Für einen in dem bewegten Raume oder dem „Fahrzeug" stehenden Beobachter ist das Trägheitsgesetz nur erfüllt, wenn der äußeren Kraft die beiden sog. Zusatzkräfte $(\mathfrak{K}_f) = -m\mathfrak{b}_f$ und $(\mathfrak{K}_c) = -m\mathfrak{b}_c$ hinzugefügt werden. Die erstere besteht aus drei Teilen, von denen der zweite die bei der Drehung auftretende tangentiale Trägheitskraft bedeutet, während der letztere $-m\mathfrak{w} \times (\mathfrak{w} \times \mathfrak{s})$ auf der Drehachse senkrecht steht und absolut genommen $= mw^2\varrho$ ist, wenn ϱ den Abstand des Punktes P von der Drehachse bezeichnet, also identisch ist mit der Zentrifugalkraft. $-m\mathfrak{b}_c$ heißt auch Corioliskraft.

51. Ebener Fall. Wenn die Bewegung in der Ebene erfolgt, so steht $\mathfrak{w}$ senkrecht auf der Ebene und die Coriolisbeschleunigung ist

$$b_c = 2wv_r,$$

d. h. gleich dem doppelten Produkt aus der Winkelgeschwindigkeit und der Relativgeschwindigkeit. Ihre Richtung findet man, wenn man den Vektor der Relativgeschwindigkeit im Sinne der Drehung der Ebene um 90^0 herumklappt. Bei einer gleichförmigen Drehung der Ebene hat die Führungsbeschleunigung die Größe

$$b_f = -w^2 r$$

und die Richtung nach der Drehachse.

Wir bemerken noch, daß die allgemeinen Formeln für die Relativbewegung dazu benutzt werden können, um Geschwindigkeit und Beschleunigung eines Punktes in Polarkoordinaten ohne weiteres anzugeben. Da der Radiusvektor $\mathfrak{r}$ sich mit einer Geschwindigkeit $w = \frac{d\varphi}{dt}$ um den Anfangspunkt dreht, so haben wir, wenn $\mathfrak{e}_r$ den Einheitsvektor in der Richtung $\mathfrak{r}$, $\mathfrak{e}_\varphi$ den Einheitsvektor senkrecht dazu bedeutet,

(10) $\mathfrak{b} = (\ddot{r} - rw^2)\mathfrak{e}_r + (2\dot{r}w + r\dot{w})\mathfrak{e}_\varphi .$

Zur Einübung der gegebenen Gesetze für die Relativbewegung werden wir im nächsten Kapitel einige physikalisch und technisch wichtige Beispiele bringen.

10. Kapitel
Beispiele zur Relativbewegung

52. Allgemeine Regulatorbewegung. Wir behandeln zunächst die allgemeine, für die Theorie der Regulatoren wichtige Aufgabe: Ein Massenpunkt (Kugel) sei gezwungen, sich auf einer ebenen nach unten geschlossenen und nach oben offenen Kurve (*c*) zu bewegen, während diese um eine in ihrer Ebene liegende (Symmetrie-) Achse rotiert.

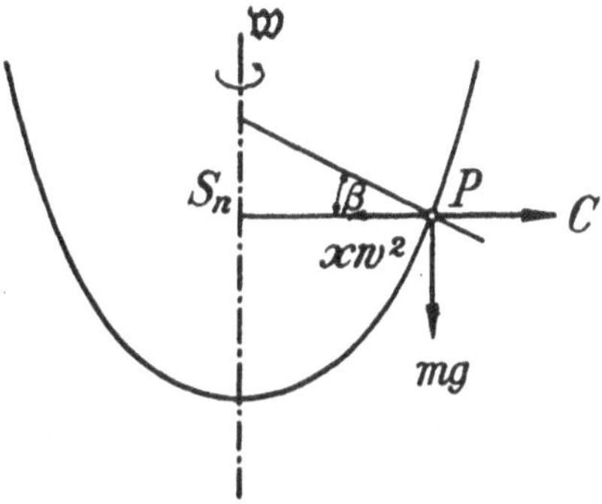

Fig. 28

Der Drehvektor $\mathfrak{w}$ bilde mit der Relativgeschwindigkeit $\mathfrak{v}_r$ einen Winkel β. Die Coriolisbeschleunigung $2\mathfrak{w} \times \mathfrak{v}_r$ steht senkrecht auf der Ebene der Kurve und ist bei den Annahmen der Fig. 28 nach hinten gerichtet. Für die Bewegung macht sich die entsprechende Trägheitskraft als Druck N_2 geltend. Ist x der Abstand des Punktes von der Drehachse (oder z-Achse), so wird $b_f = -x\omega^2$. Die einzige äußere Kraft ist die Schwerkraft mg. Wir haben dann in tangentialer Richtung

(1) $$\dot{v}_r = w^2 \cos\beta \left(x \operatorname{tg}\beta - \frac{g}{\omega^2}\right),$$

Für die Hauptnormalen- und Binormalenrichtung bleiben dann die Gleichungen

(2) $m(g \sin\beta + x\omega^2 \cos\beta) = N_1;\ 2mwv_r \sin\beta = N_2.$

$x \operatorname{tg}\beta$ ist die Subnormale S_n der Kurve. Für die Gleichgewichtslage P_0 ist

$$S_n = \frac{g}{w^2}. \tag{3}$$

Versetzt man die Kugel in einen höher gelegenen Punkt P_0' der Bahnkurve, ohne w zu ändern, so ist, wenn S_n zunimmt,

$$S_n > \frac{g}{w^2}.$$

Die Beschleunigung ist also nach oben gerichtet, und die Kugel entfernt sich mehr und mehr von der Gleichgewichtslage. Das Entsprechende gilt, wenn man die Kugel in einen tiefer gelegenen Punkt bringt. Wenn S_n abnimmt, so entfernt sich auch jetzt die Kugel von P_0. Das Gleichgewicht ist in diesem Falle labil.

Im anderen Falle, wenn S_n beim Aufsteigen in der Bahnkurve abnimmt, haben wir ein stabiles Gleichgewicht, das sich dadurch kennzeichnet, daß die Kugel bei einer Störung des Gleichgewichts eine Schwingung um diese Lage ausführt. Wenn die Subnormale konstant ist, so wird die Führungskurve zur Parabel, auf der jeder Punkt eine Gleichgewichtslage darstellt, die daher als indifferent bezeichnet werden kann. Zu jedem Werte von w gehört eine bestimmte Parabel. Nimmt bei einer Parabel die Geschwindigkeit w_1 zu bis zum Werte w_2, so wird die Beschleunigung

$$w_2^2 \cos\beta \left(\frac{g}{w_1^2} - \frac{g}{w_2^2}\right) \tag{4}$$

positiv nach oben gerichtet. Wäre $w_2 < w_1$, so wäre $\dot{v}_r$ negativ. Im ersten Fall würde die Kugel fortwährend steigen, im letzten Fall sinken.

53. Spezielle Fälle. Ist die Kurve (c) eine gerade Linie, welche die Drehachse unter dem Winkel β schneidet, so nimmt die Subnormale offenbar nach oben zu. Die Kugel steigt fortwährend in der etwa als Rohr zu denkenden Bahn. Bezeichnen wir etwa mit s den Abstand der Kugel vom

Schnitt der Geraden mit der Achse, so lautet die Bewegungsgleichung

(5) $$\ddot{s} - s \sin^2 \beta w^2 + g \cos \beta = 0 .$$

die als lineare Gleichung leicht integriert werden kann. Setzt man $s = s_0$, $v = 0$ für $t = 0$, so erhält man mit $w \sin \beta = \alpha$ die Lösung

(6) $$s = \frac{g \cos \beta}{\alpha^2} + \left(s_0 - \frac{g \cos \beta}{\alpha^2}\right) \mathfrak{Cos}\, \alpha t;$$
$$\dot{s} = v = \alpha \left(s_0 - \frac{g}{\alpha^2} \cos \beta\right) \mathfrak{Sin}\, \alpha t .$$

Wird z. B. $\beta = \frac{\pi}{2}$, so entsteht die einfache Lösung

(6a) $$s = s_0 \mathfrak{Cos}\, \omega t.$$

Auch bei der Hyperbel haben wir zunehmende Subnormale, also labiles Gleichgewicht.

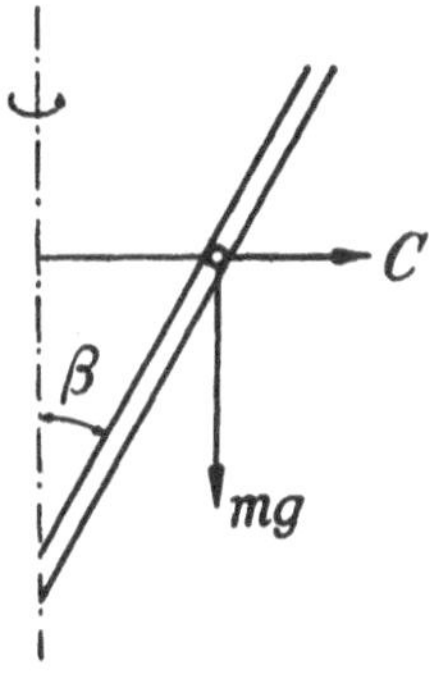

Fig. 29

Beim Kreisbogen dagegen wird die Subnormale nach oben kleiner, wodurch stabiles Gleichgewicht angezeigt ist.

Bei den üblichen Zentrifugalregulatoren pflegt man zwei in einer Ebene durch die Drehachse, und zwar symmetrisch zu ihr angeordnete kugelförmige Schwungmassen zu verwenden. Wenn man der Einfachheit halber nur diese Schwungkugeln berücksichtigt, die eine Kreisbahn mit dem Radius l beschreiben und den Ausschlagwinkel $\alpha = \frac{\pi}{2} - \beta$ einführt, so lautet die Bewegungsgleichung in tangentialer Richtung nach Division mit l

(7) $$\ddot{\alpha} = \omega^2 \sin \alpha \cos \alpha - \frac{g}{l} \sin \alpha .$$

Um hier die Stabilität direkt nachzuweisen, setzen wir $\alpha = \alpha_0 + \varepsilon$, wo α_0 der Gleichgewichtslage mit

(8) $$\frac{g}{\omega^2} = l \cos\alpha_0$$

entspricht und ε eine kleine Größe bedeutet, von der wir nur die ersten Potenzen berücksichtigen. Dann erhalten wir mit $\sin(\alpha_0 + \varepsilon) = \sin\alpha_0 + \varepsilon\cos\alpha$; $\cos(\alpha_0 + \varepsilon) = \cos\alpha - \varepsilon\sin\alpha$ die Gleichung

(9) $$\ddot{\varepsilon} + w^2 \sin^2\alpha\,\varepsilon = 0.$$

die zum Ausdruck bringt, daß der Regulator bei einer kleinen Störung kleine Schwingungen um die Gleichgewichtslage ausführt.

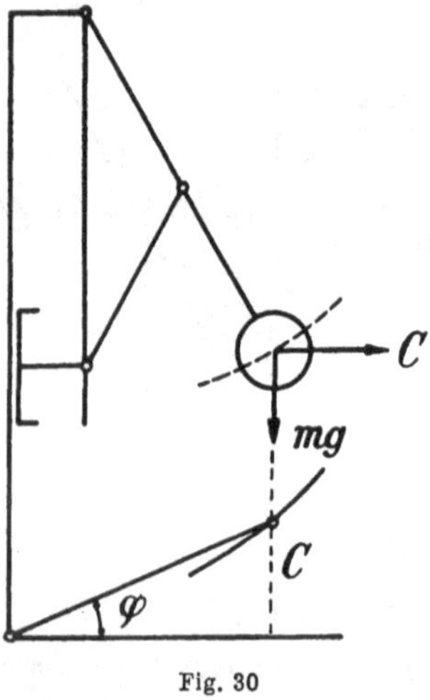

Fig. 30

54. Die C-Kurve. Trägt man unter den Stellungen der irgendwie geführten Schwungkugeln die entsprechende Zentrifugalkraft C als Ordinate auf, so erhält man die sog. C-Kurve (Fig. 30). Der vom Anfangspunkt auf der Achse nach einem Punkt der C-Kurve gezogene Radiusvektor bildet mit der x-Achse einen Winkel φ, dessen tg proportional ω^2 ist. Da nun das Gleichgewicht durch $S_n = \frac{g}{w^2}$ sich ausdrückt, so sieht man, daß S_n abnimmt, wenn der Winkel φ zunimmt. Der Verlauf der C-Kurve ist also ein Ausdruck für die Stabilitätsverhältnisse des Regulators. Wenn φ abnimmt mit wachsendem x, so haben wir einen labilen Teil der C-Kurve und umgekehrt beim Anwachsen von φ einen stabilen Teil. Die von 0 an die C-Kurve gezogene Tangente bestimmt den sog. astatischen Punkt. Wenn ein solcher Punkt existiert, so muß die Tangente eine

Wendetangente sein, damit der Regler entweder ganz labil oder ganz stabil werden soll.

55. Relativbewegungen auf der rotierenden Erde. Infolge der Erddrehung wirkt auf jeden sich bewegenden Punktkörper neben der Zentrifugalkraft noch die Corioliskraft. Da w relativ klein ist ($w = 73 \cdot 10^{-6} s^{-1}$), so kann man w^2, also die Zentrifugalkraft gegen die mit w proportionale Corioliskraft vernachlässigen. Für den freien Fall z. B. an einem Ort mit der Breite β ist die absolute Beschleunigung $b_a = g$, die Führungsbeschleunigung $b_f = -r \cos \beta w^2$ und die westwärts gerichtete Coriolisbeschleunigung $b_c = 2vw \cos\beta$ zu setzen. Die entsprechende Corioliskraft bedingt die östliche Abweichung der Fallkurve. Setzt man $v_r = gt$, so folgt für die ostwärts gerichtete Beschleunigung

$$(10) \qquad \ddot{\xi} = 2w \cos \beta g t$$

und daher für die gesamte Abweichung

$$(11) \qquad \xi = \frac{1}{3} wg \cos \beta t^3 .$$

Das würde bei einer Fallhöhe von 500 m an einem Ort mit $\beta = 45^0$ etwa $\xi = 17$ cm betragen.

Geschoßabweichung. Ein Geschoß werde mit der horizontalen Geschwindigkeit v tangential zum Meridian in der nördlichen Richtung abgeschossen. Die relative Geschwindigkeit auf der Erde bildet mit dem Drehvektor $\mathfrak{w}$ der Erdrotation den Winkel β. Die Beschleunigung $\mathfrak{b}_c = 2\mathfrak{w} \times \mathfrak{v}_r$ hat also den Absolutwert $|b_c| = 2vw \sin \beta$ und die Richtung nach Westen. Das Geschoß bewegt sich daher unter dem Einfluß der Trägheitskraft

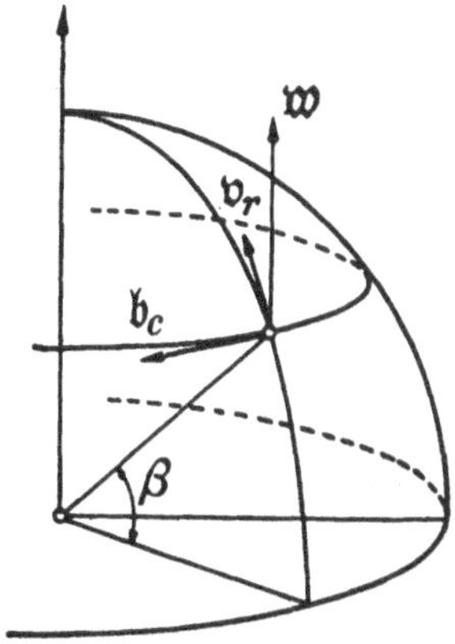

Fig. 31

$2mvw \sin\beta$ nach rechts. Wenn man diese Kraft, bzw. die entsprechende Beschleunigung als angenähert konstant ansieht während der Bewegung, so wird die gesamte Rechtsabweichung bei einer Schußdauer τ und Schußweite X

$$(12) \qquad \xi = \frac{1}{2} b_c \tau^2 = Xw\tau \sin\beta$$

Bei einer Schußweite von 10 km mit etwa 20 sek. Schußdauer und $\beta = 45^0$ würde die Rechtsabweichung infolge Erddrehung etwa 10 m betragen.

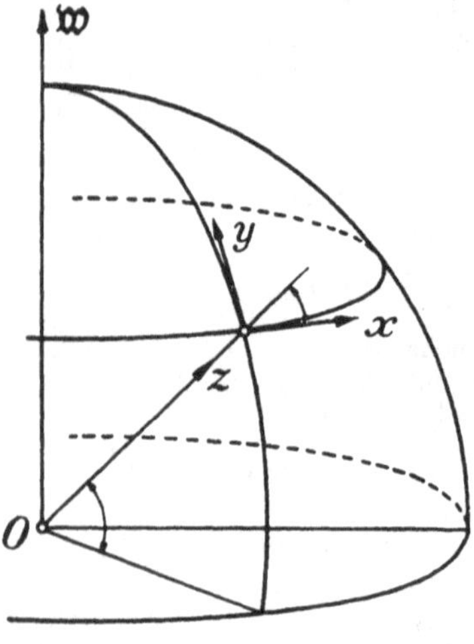

Fig. 32

56. Das Foucaultsche Pendel (1851) ist das klassische Beispiel für den Beweis der Erddrehung. Wir führen folgendes Koordinatensystem mit dem Erdort (Breitengrad β) als Anfangspunkt ein: die x-Achse tangential zum Parallelkreis nach Osten, die y-Achse tangential zum Meridian nach Norden und die z-Achse vertikal aufwärts. Das Pendel m schwinge in einer Ebene, die mit der x-Achse den Winkel φ bildet, der Ausschlagwinkel sei mit ϑ bezeichnet. Aus der Pendelgleichung ohne Rücksicht auf die Erddrehung

$$ml\ddot{\vartheta} = - mg \sin\vartheta$$

erhalten wir für die Projektionen auf die x- und y-Richtung

$$(13) \qquad m\ddot{x} = - mg \sin\vartheta \cos\varphi; \quad m\ddot{y} = - mg \sin\vartheta \sin\varphi.$$

Die Relativbewegung zerlegt sich in die beiden Komponenten $\dot{x}$ und $\dot{y}$. $\dot{y}$ gibt die Coriolisbeschleunigung $- 2w\dot{y} \sin\beta$ in der negativen x-Richtung (da $\dot{y}$ und $\mathfrak{w}$ den Winkel β bilden), $\dot{x}$ gibt die Coriolisbeschleunigung $2w\dot{x}$ mit der Projektion $2w\dot{x} \sin\beta$ auf die y-Richtung.

Wegen $\sin\vartheta = \frac{r}{l}$, $\cos\varphi = \frac{x}{r}$, $\sin\varphi = \frac{y}{r}$ erhalten wir daher nach Division mit m die beiden Gleichungen

$$\ddot{x} - 2w\sin\beta\dot{y} + \frac{g}{l}x = 0;\quad \ddot{y} + 2w\sin\beta\dot{x} + \frac{g}{l}y = 0 \tag{14}$$

$$\text{oder}\quad \ddot{x} - 2\lambda\dot{y} + \alpha^2 x = 0;\quad \ddot{y} + 2\lambda\dot{x} + \alpha^2 y = 0.$$

Das Integral des Flächensatzes ergibt sich aus

$$x\ddot{y} - y\ddot{x} = \frac{d}{dt}(x\dot{y} - y\dot{x}) + = -\lambda\frac{dr^2}{dt}$$

zu

$$r^2\dot{\varphi} = c - w\sin\beta r^2. \tag{15}$$

Setzt man für den größten Ausschlag $r = R$, $\dot{\varphi} = 0$, so wird

$$\dot{\varphi} = w\sin\beta\left(\frac{R^2}{r^2} - 1\right). \tag{16}$$

Daraus folgt sofort die (ungleichförmige) Drehung des Radiusvektors.

Zur weiteren Behandlung führt man am besten die komplexe Variable $z = x + iy$ ein. Dann entsteht die Gleichung

$$\ddot{z} + \alpha^2 z + 2i\lambda\dot{z} = 0. \tag{17}$$

Die Wurzeln der charakteristischen Gleichung sind $i\varkappa_1$ und $-i\varkappa_2$, wo

$$\varkappa_1 = \sqrt{\lambda^2 + \alpha^2} - \lambda;\quad \varkappa_2 = \sqrt{\lambda^2 + \alpha^2} + \lambda$$

zu setzen ist. Man hat dann die allgemeine Lösung

$$z = A_1 e^{i\varkappa_1 t} + A_2 e^{-i\varkappa_2 t}.$$

Wenn für $t = 0$, $z = x_0$, $\dot{z} = 0$, so wird $A_1 + A_2 = x_0$, $A_1\varkappa_1 - A_2\varkappa_2 = 0$

$$A_1 = \frac{\varkappa_2 x_0}{\varkappa_1 + \varkappa_2};\quad A_2 = \frac{\varkappa_1 x_0}{\varkappa_1 + \varkappa_2},$$

also

$$z = \frac{x_0}{\varkappa_1 + \varkappa_2}\left[\varkappa_2 e^{i\varkappa_1 t} + \varkappa_1 e^{-i\varkappa_2 t}\right]. \tag{18}$$

Durch Trennung des Real- und Imaginärteils findet man x und y und damit

$$r^2 = \frac{x_0^2}{(\varkappa_1 + \varkappa_2)^2}\left[\varkappa_1^2 + \varkappa_2^2 + 2\varkappa_1\varkappa_2\cos(\varkappa_1 + \varkappa_2)t\right]. \tag{19}$$

Das Maximum $r = x_0 = R$ wird erreicht für $\cos(\varkappa_1 + \varkappa_2)t = 1$, $t = \frac{2\pi n}{\varkappa_1 + \varkappa_2} = \frac{\pi n}{\sqrt{\alpha^2 + \lambda^2}}$. Daraus folgt die halbe Schwingungsdauer von einem Umkehrpunkt zum nächsten

$$\tau = \frac{\pi}{\sqrt{\alpha^2 + \lambda^2}}. \tag{20}$$

Das Minimum von r tritt ein mit $\cos(\varkappa_1 + \varkappa_2)t = -1$. Wir erhalten

$$r_{\min} = \frac{\varkappa_2 - \varkappa_1}{\varkappa_1 + \varkappa_2} x_0 = \frac{\lambda x_0}{\sqrt{\lambda^2 + \alpha^2}} < x_0. \tag{21}$$

Hier hat v einen Maximalwert, und zwar

$$v = \sqrt{\dot{x}^2 + \dot{y}^2} = 2x_0 \frac{\varkappa_1 \varkappa_2}{\varkappa_1 + \varkappa_2} = x_0 \frac{\alpha^2}{\sqrt{\lambda^2 + \alpha^2}}. \tag{22}$$

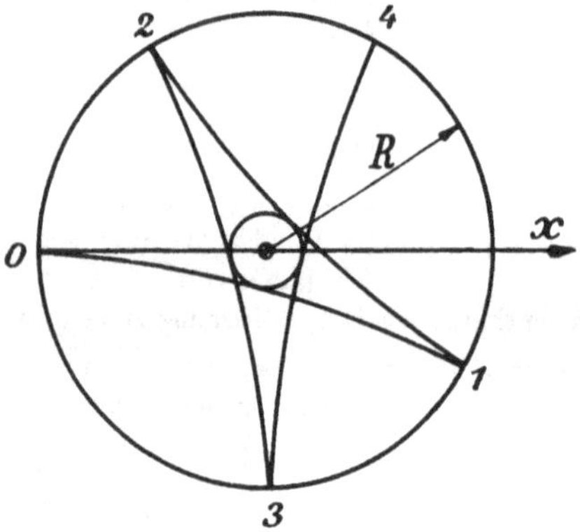

Fig. 33

Es ergibt sich also, daß die Projektion des Pendelendpunktes auf die xy-Ebene eine im allgemeinen aus unendlich vielen Zweigen bestehenden Kurve beschreibt, die in $r = R$ Rückkehrpunkte besitzt und von der jeder Zweig den inneren Kreis mit dem Radius $r_{\min}$ berührt.

Die Richtung der Schwingungsebene erhält man aus

$$\operatorname{tg} \psi = \frac{\dot{y}}{\dot{x}} = \operatorname{tg} \tfrac{1}{2} (\varkappa_2 - \varkappa_1)t. \tag{23}$$

Setzt man $t = \frac{4\pi}{\varkappa_1 + \varkappa_2} = \frac{2\pi}{\sqrt{\alpha^2 + \lambda^2}}$, so wird die Veränderung des

Tangentialwinkels nach einer vollen Schwingung

$$(24) \qquad \Delta\psi = -\frac{2\pi(\varkappa_2 - \varkappa_1)}{\varkappa_1 + \varkappa_2} = -2\pi \frac{\lambda}{\sqrt{\lambda^2 + \alpha^2}}$$

betragen. Da $\lambda = w \sin\beta$, $w = 73 \,.\, 10^{-6} \sec^{-1}$, so ist bei einem Sekundenpendel $\left(2\pi\sqrt{\frac{l}{g}} = 1\right)$

$$|\Delta\psi| \sim 73 \,.\, 10^{-6} \sin\beta.$$

In der Breite $\beta = 45^0$ würde nach einer Stunde eine Drehung der Schwingungsebene um etwa $10\frac{1}{2}^0$ entstehen.

IV. Die Scheibenbewegung

Vorbemerkung. Wir betrachten zunächst den besonderen Fall des starren Körpers, der dadurch ausgezeichnet ist, daß alle Kräfte auf die Lage in einer Ebene sich reduzieren lassen, die zugleich Symmetrieebene des Körpers ist, ferner alle Punkte des Körpers Bahnen in parallelen Ebenen beschreiben. Eine solche Bewegung können wir daher kurz als Scheibenbewegung bezeichnen, wobei natürlich der sich bewegende Körper nicht immer als eine wirkliche (flache) Scheibe zu denken ist; auch die Bewegung einer Kugel oder eines Zylinders fällt unter den Begriff der Scheibenbewegung, wenn die Bedingungen dafür gegeben sind, daß die Bahnen aller Punkte einer Hauptebene parallel sind. In der kinematischen Betrachtung werden wir allerdings die repräsentierende Scheibe als masselos und unendlich ausgedehnt in ihrer Ebene voraussetzen. Da ihre Lage durch die Lage einer Geraden in der Ebene bestimmt ist, so kann man auch eine Stange oder zwei starr miteinander verbundene Punkte als Ersatzvorstellung benutzen.

11. Kapitel

Ebene Kinematik

57. Geschwindigkeitspol. Wenn nun $\mathfrak{c}$ die Geschwindigkeit eines Scheibenpunktes C ist, $\mathfrak{s}$ die Vektorkoordinate

eines Punktes P in bezug auf C und $\mathfrak{w} \times \mathfrak{s}$ die Drehgeschwindigkeit relativ zu C bedeutet, so ist

$$\mathfrak{v} = \dot{\mathfrak{c}} + \mathfrak{w} \times \mathfrak{s} \tag{1}$$

die gesamte Geschwindigkeit von P. Es gibt nun einen Punkt der Scheibenebene, welcher momentan keine Geschwindigkeit hat. Die Koördinate dieses Geschwindigkeitspoles (oder Momentanzentrums) M ergibt sich aus

$$\dot{\mathfrak{c}} + \mathfrak{w} \times \mathfrak{s}_0 = 0, \tag{2}$$

durch vektorielle Multiplikation mit $\mathfrak{w}$, also aus

$$\dot{\mathfrak{c}} \times \mathfrak{w} + \mathfrak{s}_0 w^2 = 0$$

zu

$$\mathfrak{s}_0 = \frac{\mathfrak{w} \times \dot{\mathfrak{c}}}{w^2}. \tag{3}$$

Dieser Pol läßt sich übrigens, wenn die Bahnen zweier Punkte der Scheibe bekannt sind, leicht als Schnittpunkt der Bahnnormalen konstruieren. Betrachten wir z. B. die Schubstange eines Kurbeltriebes als Repräsentant einer Scheibe. Verlängert man den Kurbelradius OA, der sich um O dreht, bis zum Schnitt M mit der zur Gleitbahn des Kreuzkopfes B senkrechten Geraden, so dreht sich AB momentan um M (Fig. 34). Die Geschwindigkeiten v_A, v_B, v_C der Scheibenpunkte sind proportional den Abständen vom Pol und stehen auf MA, MB, MC senkrecht.

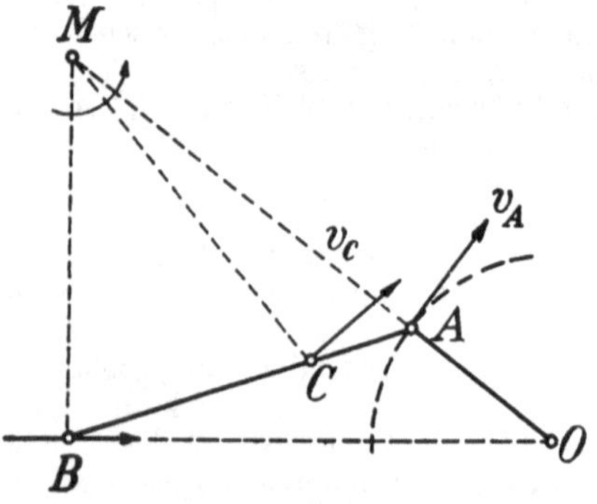

Fig. 34

Die Polwechselgeschwindigkeit $\mathfrak{u}$, mit welcher der Pol seine Lage ändert, hat den Wert

(4) $\mathfrak{u} = \dot{\mathfrak{c}} + \dot{\mathfrak{s}}_0$.

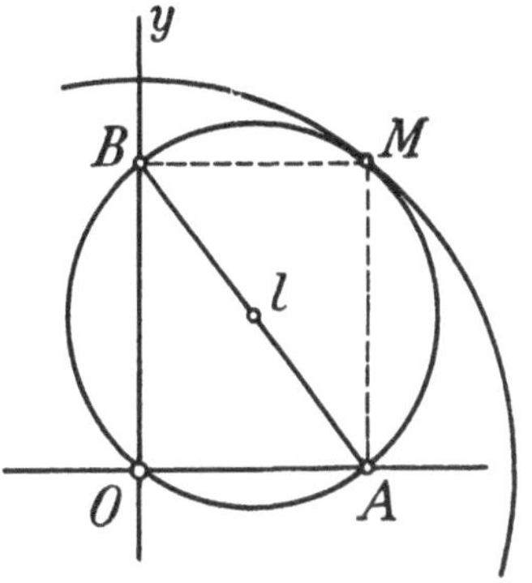

Fig. 35

Man unterscheidet, wie hier nur angedeutet sein mag, die Bahn des Punktes M in der ruhenden Ebene als Rastpolbahn von der im bewegten System markierten Bahn des Poles als Gangpolbahn. Die Bewegung der Scheibe läßt sich als ein Abrollen der Gangpolbahn auf der festen Polbahn auffassen. Wenn z. B. zwei Punkte A und B einer Stange auf zwei rechtwinkligen Geraden Ox und Oy geführt werden (Kardanbewegung), so ist die feste Polbahn der Kreis um den Schnittpunkt O der Geraden mit $AB = l$ als Radius. Die Gangpolbahn ist der Kreis durch A, B und M mit dem Radius $\frac{l}{2}$. Beide Kreise berühren sich in M.

58. Geometrie der Beschleunigung. Für die Beschleunigung des Punktes P der Scheibe erhalten wir bei Anwendung der Vektorformel

(5) $\mathfrak{b} = \ddot{\mathfrak{c}} + \dot{\mathfrak{w}} \times \mathfrak{s} + \mathfrak{w} \times (\mathfrak{w} \times \mathfrak{s}) = \ddot{\mathfrak{c}} + \dot{\mathfrak{w}} \times \mathfrak{s} - \mathfrak{s} w^2$.

Aus den entsprechenden Komponentengleichungen ergeben sich die Koordinaten des sog. Beschleunigungspoles B, der in dem betrachteten Augenblick die Beschleunigung Null hat. Setzen wir nun in 5 die Koordinate des Geschwindigkeitspoles nach (3) ein, so ergibt sich für die Beschleunigung von M bei Benutzung der bekannten Vektorformel und der Beziehung $\dot{\mathfrak{w}} \cdot \dot{\mathfrak{c}} = 0$ zunächst der Ausdruck

$$\mathfrak{r}_0 = \ddot{\mathfrak{c}} + \frac{\dot{\mathfrak{w}} \times (\mathfrak{w} \times \dot{\mathfrak{c}})}{w^2} + \dot{\mathfrak{c}} \times \mathfrak{w} = \ddot{\mathfrak{c}} - \frac{\dot{w}}{w} \dot{\mathfrak{c}} + \dot{\mathfrak{c}} \times \mathfrak{w}.$$

Wie man aber mit Hilfe derselben Formel und $\mathfrak{w} \cdot \dot{\mathfrak{c}} = \mathfrak{w} \cdot \ddot{\mathfrak{c}} = \mathfrak{w} \cdot \mathfrak{c} = 0$ feststellt, ist

$$\dot{\mathfrak{s}}_0 = \frac{\dot{\mathfrak{w}} \times \dot{\mathfrak{c}}}{w^2} + \frac{\mathfrak{w} \times \ddot{\mathfrak{c}}}{w^2} - \frac{2\dot{w}(\mathfrak{w} \times \dot{\mathfrak{c}})}{w^3}$$

und daher

$$\dot{\mathfrak{s}}_0 \times \mathfrak{w} = \frac{\dot{w}}{w}\dot{\mathfrak{c}} + \ddot{\mathfrak{c}} - \frac{2\dot{w}}{w}\dot{\mathfrak{c}} = \ddot{\mathfrak{c}} - \frac{\dot{w}}{w}\dot{\mathfrak{c}}.$$

Wir erhalten daher die einfache Beziehung

(6) $$\mathfrak{b}_0 = \dot{\mathfrak{c}} \times \mathfrak{w} + \dot{\mathfrak{s}}_0 \times \mathfrak{w} = \mathfrak{u} \times \mathfrak{w}.$$

Die Polbeschleunigung ist also gleich dem Vektorprodukt aus der Polwechselgeschwindigkeit $\mathfrak{u}$ und der Drehgeschwindigkeit und steht senkrecht auf der Wechselgeschwindigkeit.

Beziehen wir die Koordinaten auf den Pol M als Anfangspunkt, setzen also

$$\mathfrak{s} = \mathfrak{r} + \mathfrak{s}_0,$$

so wird die Geschwindigkeit eines Punktes P

$$\mathfrak{v} = \mathfrak{w} \times \mathfrak{r}.$$

Die Beschleunigung von P setzt sich zusammen aus der Beschleunigung von M und der Relativbeschleunigung von P gegen M, sie ist also

(7) $$\mathfrak{b} = \mathfrak{b}_0 + \dot{\mathfrak{w}} \times \mathfrak{r} - \mathfrak{r}w^2.$$

59. Wendekreis. Als Ort der Punkte, die momentan in Wendepunkten ihrer Bahn liegen, findet man, wenn man die Richtungsgleichheit des $\mathfrak{v}$- und $\mathfrak{b}$-Vektors ausdrückt. Läßt man die x-Achse in die Richtung der Polwechselgeschwindigkeit fallen, so hat man zu setzen

$$\frac{-y\dot{w} - xw^2}{uv + x\dot{w} - yw^2} = -\frac{y}{x}.$$

Es ergibt sich also, daß die Wendepunkte aller Punktbahnen auf einem Kreise

(8) $$x^2 + y^2 - \frac{u}{w}y = 0,$$

dem sog. Wendekreise (W_1) liegen, der den Durchmesser $D_1 = \frac{u}{w}$ hat und der die in die Polwechselgeschwindigkeit fallende Gerade in M berührt (Fig. 36). Da die Beschleunigung von P sich aus der Polbeschleunigung wu und der Relativbeschleunigung, also w^2r in der Richtung nach M und $r\dot{w}$ senkrecht dazu zusammensetzt, so haben wir in der Richtung PM

$$w^2r - wu\,\frac{y}{r}.$$

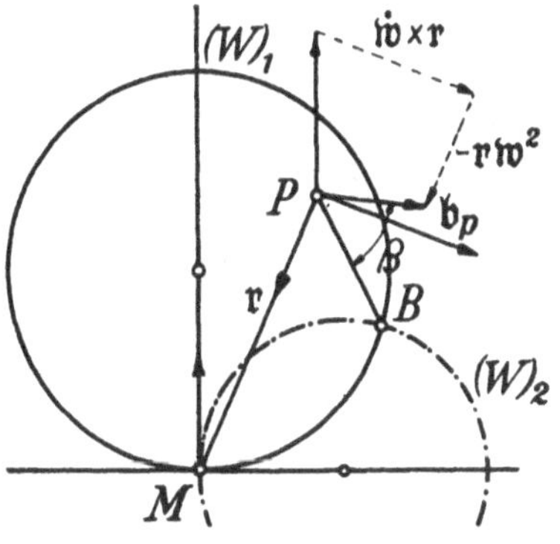

Fig. 36

Dieser Ausdruck muß gleich $\frac{1}{\varrho}\,w^2r^2$ sein, wenn ϱ den Krümmungsradius der Bahn in P bedeutet. Daraus ergibt sich aber

$$\frac{1}{\varrho} = \frac{p^2}{r^3} = \frac{u^3p^2}{v^3}, \tag{9}$$

wenn mit p^2 die Potenz des Punktes P in bezug auf den Wendekreis bezeichnet wird. Wir können auch schreiben

$$v : u\,\frac{y}{r} = \varrho : \varrho - r.$$

Setzt man $\varrho = r + r_0$, $\frac{y}{r} = \sin\alpha$, so erhält man die sog. Savarysche Beziehung

$$\frac{w}{u}\sin\alpha = \frac{1}{r} + \frac{1}{r_0}. \tag{10}$$

Daraus ergibt sich die bekannte Hartmannsche Konstruktion des Krümmungsmittelpunktes aus v und u (vgl. Fig. 37). Sei A der Krümmungsmittelpunkt der Gangpolbahn, die dann angenähert durch einen Kreis um A mit dem Radius $AM = R$ zu ersetzen ist, dann ist der Krümmungsmittelpunkt A_0 der

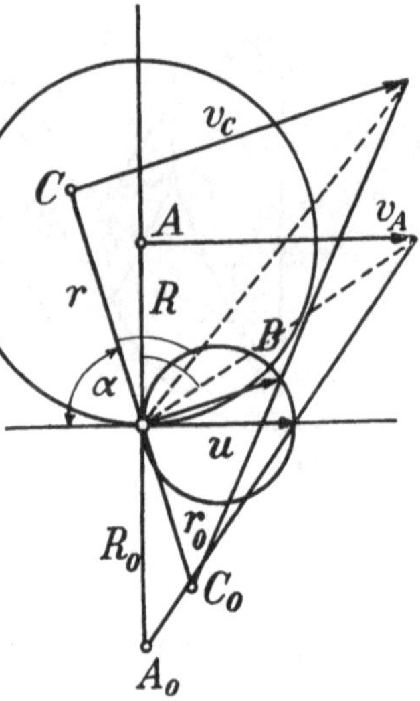

Fig. 37

Bahn von A zugleich der Krümmungsmittelpunkt der Rastpolbahn, deren Krümmungsradius $= R_0$ sein möge. Wir haben also

$$(11) \qquad \frac{w}{u} = \frac{1}{R} + \frac{1}{R_0}.$$

Beide Beziehungen kann man ferner verwenden zur Ermittlung der Polwechselgeschwindigkeit.

60. Wechselkreis und Beschleunigungspol. Für die Punkte mit verschwindender Tangentialbeschleunigung ist

$$r\dot{w} = wu\,\frac{x}{r}$$

oder

$$(12) \qquad x^2 + y^2 - \frac{wu}{\dot{w}}\,x = 0.$$

Das ist aber die Gleichung eines durch M gehenden Kreises, dessen Zentrum auf der Polbahntangente liegt, der also den Wendekreis senkrecht schneidet. Da die Tangentialbeschleunigung seiner Punkte ihr Vorzeichen wechselt, so heißt der Kreis auch Wechselkreis (W_2). Sein Durchmesser ist $D_2 = \frac{wu}{\dot{w}}$.

Der Schnittpunkt des Wende- und Wechselkreises ist der Beschleunigungspol B (vgl. Fig. 36). Seine Koordinaten sind

$$(13) \qquad x = \frac{w\dot{w}}{w^4 + \dot{w}^2}\,u; \quad y = \frac{w^3}{w^4 + \dot{w}^2}\,u.$$

Mit Hilfe des Beschleunigungspoles kann man die Beschleunigung eines Punktes der bewegten Scheibe konstruieren, wenn w und $\dot{w}$ gegeben sind. B ist als fester Drehpunkt anzusehen. Die Beschleunigungsvektoren aller Scheibenpunkte bilden mit den Radienvektoren r' nach B gleiche Winkel β ($\operatorname{tg} \beta = \dot{w} : w^2$) und sind ihrem absoluten Werte nach diesen Radienvektoren proportional ($b_p = r' \sqrt{w^4 + \dot{w}^2}$).

Die weitere Anwendung dieser Sätze gehört in die spezielle geometrische Kinematik.

12. Kapitel

Dynamik der Scheibe

61. Bewegungsgleichungen und Trägheitsmoment. Die Bewegung eines Körpers in der Ebene, die zugleich als Symmetrieebene zu denken ist, besitzt drei Freiheitsgrade, weil die Scheibe durch die Lage zweier ihrer Punkte (mit je zwei Koordinaten) festgelegt ist, zwischen denen eine die Unveränderlichkeit ihres Abstandes betreffende Beziehung besteht.

Der Verlauf der Bewegung in der xy-Ebene ist entsprechend durch drei Gleichungen bestimmt, von denen sich die beiden ersten auf die Translation des Schwerpunktes bezieht

$$(1) \qquad m \frac{d\mathfrak{v}_s}{dt} = \frac{d\mathfrak{J}}{dt} = \mathfrak{K},$$

während die dritte die Drehung der Scheibe um eine durch den als fest gedachten Schwerpunkt S gehende Achse senkrecht zur Scheibenebene charakterisiert. Nach Nr. 22, (22) lautet diese Gleichung in Vektorform

$$(2) \qquad \frac{d\mathfrak{L}}{dt} = \mathfrak{M}.$$

Das Impulsmoment $\mathfrak{L}$ berechnet sich nach Einführung der Drehtgeschwindigkeit $\mathfrak{w}$ in folgender Weise

$$(3) \quad \mathfrak{L} = \sum dm\mathfrak{s} \times (\mathfrak{w} \times \mathfrak{s}) = \sum dm [\mathfrak{w}s^2 - \mathfrak{s}(\mathfrak{s} \cdot \mathfrak{w})].$$

Da nach der Voraussetzung $w_x = w_y = 0$, $w_z = w$ zu setzen ist und da für je zwei zur Grundebene symmetrisch gelegene Punkte s_x und s_y ungeändert bleiben, während die Vertikalprojektion $s \cos \vartheta$ und das Produkt $\mathfrak{s} \cdot \mathfrak{w} = sw \cos \vartheta$ entgegengesetzt gleiche Werte annehmen, so verschwindet L_x und L_y, und es bleibt, wenn $r = s \sin \vartheta$ den senkrechten Abstand eines Punktes des Körpers von der Drehachse bezeichnet,

$$(4) \qquad L_z = L = \sum dmr^2 w = \Theta_s w.$$

Der Ausdruck Θ, der von der Verteilung der Massen um die Drehachse abhängt, heißt das Trägheitsmoment des Körpers in bezug auf die Achse. Setzt man $\Theta = mk^2$, so bezeichnet man k auch als Trägheitsradius des Körpers für die betreffende Achse.

Die Dimension von Θ ist im techn. M-S: $[\Theta] = [ml^2]$ $[Klt^2]$.

Die vollständigen Bewegungsgleichungen sind

$$(5) \qquad m \frac{d\mathfrak{v}_S}{dt} = \mathfrak{K}; \quad \Theta_S \frac{dw}{dt} = M,$$

wobei die zweite Gleichung im Falle der Scheibenbewegung nicht in Vektorform geschrieben zu werden braucht, da die auftretenden Vektoren ein für alle Mal senkrecht zur Ebene gerichtet sind. Die beiden Gleichungen sind mit drei skalaren Gleichungen gleichbedeutend.

62. Verlegung des Bezugspunktes. Die zweite Gleichung bedarf noch einer ergänzenden Betrachtung. Wählt man einen anderen Bezugspunkt 0 und bezeichnet $OP = \mathfrak{r}$, $OS = \mathfrak{s}_0$, $SP = \mathfrak{s}$, so ist $\mathfrak{r} = \mathfrak{s} + \mathfrak{s}_0$, also

$$\sum dmr^2 = \sum dms^2 + ms_0^2 + 2\mathfrak{s}_0 \cdot \sum dm\mathfrak{s}.$$

Da das letzte Integral nach dem Schwerpunktssatz verschwindet, so hat man

$$(6) \qquad \Theta_0 = \Theta_S + ms_0^2; \quad k_0^2 = k_s^2 + s_0^2.$$

Das Trägheitsmoment hat also für die Schwerpunktachse den kleinsten Wert; für jede andere parallele Achse muß man, um das Trägheitsmoment zu erhalten, zu diesem Minimalmoment noch das Produkt aus der Masse mit dem Quadrat des Abstandes beider Achsen hinzufügen (Satz von Steiner). Das Impulsmoment $\mathfrak{L}_0$ in bezug auf 0 erhält man aus $\mathfrak{L}_s$, wenn man noch den Schwung der in S gesammelten Masse hinzufügt. Dann wird mit $\mathfrak{v}_S$ als

Schwerpunktbeschleunigung und $\mathfrak{M}_0$ als Moment der Kräfte in bezug auf 0

$$\Theta_S \dot{w} + m\mathfrak{s} \times \mathfrak{k}_S = \mathfrak{M}_0. \tag{7}$$

Hat nun 0 die Beschleunigung $\mathfrak{k}_0$, so setzt sich $\mathfrak{b}_S$ zusammen aus $\mathfrak{b}_0$ und der Relativbeschleunigung von S gegen 0, die aus der Tangential- und Zentripetalkomponente besteht:

$$\mathfrak{b}_S = \mathfrak{k}_0 + \dot{\mathfrak{w}} \times \mathfrak{s}_0 - w^2\mathfrak{s}_0. \tag{8}$$

Man erhält also mit Benutzung der Vektorformel 4, (19) und wegen $\mathfrak{s}_0 \cdot \dot{\mathfrak{w}} = 0$

$$\mathfrak{s}_0 \times \mathfrak{k}_s = \mathfrak{s}_0 \times \mathfrak{b}_0 + s_0^2\dot{\mathfrak{w}}. \tag{9}$$

Wendet man (8) an, so geht (7) über in die Gleichung

$$\begin{aligned} (\Theta_S + m s_0^2)\dot{w} + m\mathfrak{s}_0 \times \mathfrak{k}_0 &= \mathfrak{M}_0 \\ \Theta_0 \dot{w} + m\mathfrak{s}_0 \times \mathfrak{k}_0 &= \mathfrak{M}_0. \end{aligned} \tag{10}$$

Ist 0 z. B. ein fester Drehpunkt, also $\mathfrak{k}_0 = 0$, so hat man wieder die einfache Gleichungsform

$$\Theta_0 \dot{w} = M_0. \tag{11}$$

Gelegentlich ist es auch vorteilhaft, den Momentenpol, der im Augenblick keine Geschwindigkeit, aber die oben berechnete Beschleunigung

$$\mathfrak{k}_0 = \mathfrak{u} \times \mathfrak{w}$$

besitzt, als Bezugspunkt zu wählen.

63. Energie- und Arbeitssatz. Benutzt man den Ausdruck für die Geschwindigkeit $\mathfrak{v}$ eines Punktes P des Körpers

$$\mathfrak{v} = \mathfrak{v}_S + \mathfrak{w} \times \mathfrak{s},$$

so ergibt sich die Arbeitsleistung der Kräfte

$$\mathfrak{K} \cdot \mathfrak{v} = \mathfrak{K} \cdot \mathfrak{v}_S + \mathfrak{K} \cdot \mathfrak{w} \times \mathfrak{s}. \tag{12}$$

Wendet man auf den zweiten Summanden rechts die Vertauschungsregel an, so kommt

$$\begin{aligned} \mathfrak{K} \cdot \mathfrak{v} &= \mathfrak{K} \cdot \mathfrak{v}_S + \mathfrak{s} \times \mathfrak{K} \cdot \mathfrak{w} \\ &= \mathfrak{K} \cdot \mathfrak{v}_S + \mathfrak{M}_s \cdot \mathfrak{w} \\ &= m \frac{d\mathfrak{v}_S}{dt} \cdot \mathfrak{v}_S + \Theta_S \mathfrak{w} \frac{d\mathfrak{w}}{dt} \\ &= \frac{d}{dt}\left(\tfrac{1}{2} m v_S^2 + \tfrac{1}{2}\Theta_S w^2\right) = \frac{d}{dt}(E_t + E_r). \end{aligned} \tag{13}$$

Tabelle für Trägheitsmomente

Gebilde	Bezugselement	$\frac{\Theta}{m} = k^2$	$\frac{m}{\mu}$ (μ Einheitsmasse)
Homogener Stab	Mittelpunkt	$\frac{1}{12} l^2$	l
	Endpunkt	$\frac{1}{3} l^2$	
Rechteckige Fläche	Symmetrielinie parallel b	$\frac{1}{12} b^2$	bh
	Mittelpunkt	$\frac{1}{12} (b^2 + h^2)$	
Ellipse	Achse (a)	$\frac{1}{4} a^2$	πab
Kreis	Durchmesser	$\frac{1}{4} r^2$	πr^2
	Mittelpunkt	$\frac{1}{2} r^2$	
Parallelpiped	Symmetrieachse parallel Kante a	$\frac{1}{12} (b^2 + c^2)$	abc
Ellipsoid	Achse (a)	$\frac{1}{5} (b^2 + c^2)$	$\frac{4}{3} \pi abc$
Kugel	Mittelpunkt	$\frac{3}{5} r^2$	$\frac{4}{3} \pi r^3$
	Durchmesser	$\frac{2}{5} r^2$	
Kreiskegel	Symmetrieachse	$\frac{3}{10} r^2$	$\frac{1}{3} \pi r^2 h$
	Querachse durch den Schwerpunkt	$\frac{3}{20} \left(r^2 + \frac{1}{4} h^2\right)$	

Die gesamte Wucht oder kinetische Energie des Körpers setzt sich also aus zwei Teilen zusammen, der Fortschreitwucht und der Drehwucht. Die Gesamtleistung ist gleich der Änderungsgeschwindigkeit dieser Wucht.

64. Zur Berechnung der Trägheitsmomente ist es zweckmäßig, diesen Begriff dahin zu erweitern, daß man als Bezugselement außer den Achsen auch Ebenen und Punkte zuläßt. Danach spricht man von planaren, axialen und polaren Trägheitsmomenten, unabhängig von der mechanischen Anwendung. Es ergibt sich z. B., daß die Summe der Trägheitsmomente in bezug auf zwei senkrecht zueinander stehenden Ebenen gleich ist dem Trägheitsmoment in bezug auf die Schnittgerade. Ebenso erhält man z. B. das polare Trägheitsmoment als Summe der axialen Trägheitsmomente in bezug auf den Nullpunkt eines rechtswinkligen Koordinatensystems als Summe der Trägheitsmomente in bezug auf die Ebenen des Systems oder gleich dem axialen Trägheitsmoment in bezug auf eine Achse und dem planaren Trägheitsmoment inbezug auf die dazu senkrechte Ebene usw. So ist es z. B. einfach, bei der Kugel von dem polaren Trägheitsmoment in bezug auf den Mittelpunkt auszugehen und danach die axialen Momente zu berechnen.

Die Berechnung selbst können wir aus der Integralrechnung voraussetzen und wir beschränken uns darauf, in nebenstehender Tabelle einige bemerkenswerte Ergebnisse der Rechnung zusammenzustellen.

13. Kapitel

Besondere Scheibenbewegungen

65. Das physikalische Pendel. Wir betrachten eine irgendwie gestaltete Scheibe, die sich in einer Ebene um eine horizontale Achse 0 drehen kann (Fig. 38). Als Kräfte haben wir die im Schwerpunkt S angreifende Schwerkraft $\mathfrak{G}$ und eine durch 0 gehende Reaktionskraft $\mathfrak{R}$ zu berücksichtigen. Wenn $0S = s$ und der Winkel zwischen $0S$ und der Vertikalen mit ϑ bezeichnet wird, so haben wir die Bewegungsgleichungen

(1) $$m\dot{\mathfrak{v}}_0 = \mathfrak{G} + \mathfrak{R}$$

(2) $$\Theta\ddot{\vartheta} = -Gs\sin\vartheta\,.$$

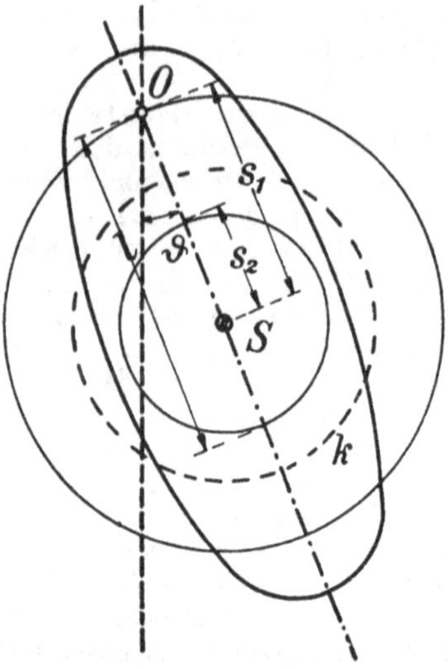

Fig. 58

Führt man in der letzten Gleichung das Trägheitsmoment mk^2 der Scheibe in bezug auf die horizontale Schwerpunktsachse ein, setzt also $\Theta = m(k^2 + s^2)$, so erhält man mit $G = mg$ die Momentengleichung

(3) $$(k^2 + s^2)\ddot{\vartheta} + gs \sin \vartheta = 0,$$

die mit der Schwingungsgleichung des mathematischen Pendels von der Länge 1 übereinstimmt, wenn man $l = k^2 + s^2 : s$ setzt. Man nennt diese Größe die reduzierte Pendellänge, es ist die Länge desjenigen Fadenpendels, welches dieselbe Schwingungsdauer hat wie das physikalische Pendel. Die Schwingungsdauer τ wird

(4) $$\tau = 2\pi \sqrt{\frac{k^2 + s^2}{sg}}.$$

Wenn die Länge 1 gegeben ist, so findet man den zugehörigen Abstand s aus der Gleichung

(5) $$s^2 - sl + k^2 = 0, \quad s = \frac{l}{2} \pm \sqrt{\frac{l^2}{4} - k^2}.$$

Man findet also im allgemeinen ($1 \geqq 2k$) zwei Werte s_1 und s_2, zwischen denen die Beziehungen

(6) $$s_1 + s_2 = l, \quad s_1 s_2 = k^2$$

bestehen. Die Spurpunkte 0_1 und 0_2 der parallelen Achsen, für die die Schwingungsdauer denselben Wert hat, liegen also auf zwei konzentrischen Kreisen K_1 und K_2 um S, die auseinander durch Inversion in bezug auf den Trägheitskreis K_0 mit dem Radius k abgeleitet werden können, so daß die Polare jedes Punktes eines Kreises in bezug auf K_0 den anderen Kreis berührt. Die Summe der Radien ist gleich der reduzierten Pendellänge. Auf jeder durch S gezogenen Geraden gibt es vier Punktepaare $0_1 0_1'$, $0_2 0_2'$, die derselben Pendellänge entsprechen (vgl. Fig. 38).

Das Quadrat der Geschwindigkeit folgt wie früher aus dem Energiesatz. Wir erhalten

$$
(7)\qquad \begin{aligned} w^2 = \dot{\vartheta}^2 &= \frac{2Gs}{\Theta}(\cos\vartheta - \cos\vartheta_0) \\ &= \frac{2gs}{k^2 + s^2}(\cos\vartheta - \cos\vartheta_0)\,, \end{aligned}
$$

wenn wir den anfänglichen Ausschlag wieder ϑ_0 nennen.

Die Gleichung (1) dient zur Berechnung der Reaktionskraft $\mathfrak{R}$. Es ist bequem, dabei von der tangentialen und normalen Beschleunigungskomponente auszugehen. Durch Projektion findet man dann für die horizontalen und vertikalen Komponenten H und V der Reaktionskraft $\mathfrak{R}$ folgende Ausdrücke

$$
H = ms(w^2 \sin\vartheta - \dot{w}\cos\vartheta); \; V = m(g + w^2 s\cos\vartheta + \dot{w}s\sin\vartheta),
$$

die mit Einführung der Werte aus (2) und (6) für $\dot{w}$ und w^2 übergehen in

$$
(8)\qquad \begin{aligned} H &= \frac{gms^2}{k^2 + s^2}\sin\vartheta(3\cos\vartheta - 2\cos\vartheta_0); \\ V &= mg\left[1 + \frac{s^2}{k^2 + s^2}(3\cos^2\vartheta - 2\cos\vartheta\cos\vartheta_0 - 1)\right]. \end{aligned}
$$

66. D e r a u s g l e i t e n d e S t a b. Die früher (Kap. 11) betrachtete Kardanbewegung, bei der zwei Punkte einer Scheibe auf zwei sich senkrecht schneidenden geraden Linien geführt werden, denken wir uns jetzt dahin realisiert, daß ein homogener Stab von der Länge l und der Masse m infolge seiner Schwere längs des horizontalen Bodens und einer vertikalen Führung (oder Wand) reibungslos

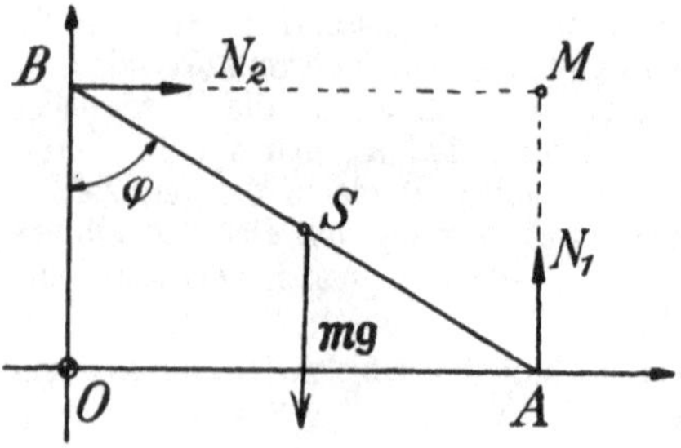

Fig. 39

gleitet (vgl. Fig. 39). Die Aufgabe besteht dann darin, den Bewegungsverlauf, d. h. Geschwindigkeit und Beschleunigung und die kinematischen Kräfte in jeder Stellung bzw. für jeden Zeitpunkt zu ermitteln. Bezeichnen wir den Winkel zwischen Stab und Vertikalen (y-Achse) mit φ, die Reaktionskräfte normal zu den Ebenen x und y mit N_1 und N_2, so haben wir die drei Gleichungen

$$(9) \qquad m\ddot{x}_0 = N_2; \quad m\ddot{y}_0 = N_1 - mg$$

$$(10) \qquad mk^2\ddot{\varphi} = \frac{l}{2}(N_1 \sin\varphi - N_2 \cos\varphi).$$

Setzen wir für die Schwerpunktskoordinaten $x_0 = \frac{l}{2} \sin\varphi$, $y_0 = \frac{l}{2} \cos\varphi$, so erhalten wir

$$(11) \quad \ddot{x}_0 = \frac{l}{2}(\ddot{\varphi}\cos\varphi - \dot{\varphi}^2 \sin\varphi); \quad \ddot{y}_0 = -\frac{l}{2}(\ddot{\varphi}\sin\varphi + \dot{\varphi}^2 \cos\varphi).$$

Damit ergibt sich aus

$$(12) \qquad N_1 = m\left[g - \frac{l}{2}(\sin\varphi\ddot{\varphi} + \cos\varphi\dot{\varphi}^2)\right]$$

$$(13) \qquad N_2 = m\frac{l}{2}[\cos\varphi\ddot{\varphi} - \sin\varphi\dot{\varphi}^2].$$

Ferner gibt

$$(14) \qquad \ddot{\varphi} = \frac{3}{2}\frac{g}{l}\sin\varphi,$$

während der Energiesatz

$$(15) \qquad \varphi^2 = \frac{3g}{l}(\cos\varphi_0 - \cos\varphi)$$

liefert, wenn φ_0 den anfänglichen Ausschlag bedeutet. Die Winkelgeschwindigkeit und -beschleunigung werden am größten für $\varphi = \frac{\pi}{2}$, d. h. beim Aufschlagen auf den Boden.

Substitution der Werte (14) und (15) liefert dann die Normalkräfte

$$(16)\quad \begin{cases} N_1 = mg\left[\frac{1}{4} + \frac{9}{4}\cos^2\varphi - \frac{3}{2}\cos\varphi\cos\varphi_0\right] \\ N_2 = \frac{3}{4}\,mg\sin\varphi(3\cos\varphi - 2\cos\varphi_0). \end{cases}$$

Für die Abhängigkeit des Winkels φ von der Zeit ergibt sich aus

$$(17)\quad \begin{aligned} t &= \sqrt{\frac{l}{3g}}\int\frac{d\varphi}{\sqrt{\cos\varphi_0 - \cos\varphi}} \\ &= \int\sqrt{\frac{l}{6g}}\,\frac{d\varphi}{\sqrt{\sin^2\frac{\varphi}{2} - \sin^2\frac{\varphi_0}{2}}} \end{aligned}$$

oder mit $\sin\frac{\varphi}{2} = z$

$$(18)\qquad t = \sqrt{\frac{2}{3}\frac{l}{g}}\int\frac{dz}{\sqrt{(z^2 - z_0^2)(1 - z^2)}}\,.$$

Dieses elliptische Integral kann mit Hilfe der Substitution

$$(19)\qquad \sin^2\psi = \frac{(z - z_0)(1 + z_0)}{(z + z_0)(1 - z_0)}$$

in folgender Weise auf das Normalintegral zurückgeführt werden:

$$(20)\quad \begin{aligned} t &= 2\sqrt{\frac{2}{3}\frac{l}{g}}\,\frac{1}{1 + z_0}\int\limits_0^{\psi}\frac{d\psi}{\sqrt{1 - k^2\sin^2\psi}} \\ &= \sqrt{\frac{8}{3}\frac{l}{g}}\,\frac{1}{1 + z_0}\,F(\psi, k)\,, \end{aligned}$$

wenn $k = \frac{1 - z_0}{1 + z_0}$ gesetzt wird.

Zur Diskussion bemerken wir, daß der Wert von N_2 Null wird für $\cos\varphi = \cos\varphi_1 = \frac{2}{3}\cos\varphi_0$. Bei Vorhandensein einer Führung wird für $\varphi = \varphi_1$ der Druck entgegengesetzt gerichtet. Lehnt der Stab nur gegen die vertikale Wand, so löst er sich für φ_1 von der Wand los und es beginnt in diesem Augenblick eine andere Bewegung, bei der nur vertikale Kräfte wirksam sind, also die Horizontalgeschwindigkeit von S

$$(\dot{x})_1 = \frac{l}{2} \cos \varphi_1 \sqrt{\frac{3}{2} \frac{g}{l} \cos \varphi_1}$$

erhalten bleibt. Es wird dem Leser überlassen, diese Bewegung des Stabes bis zum Aufschlagen auf die Ebene $0A$ mit Benutzung der Anfangsbedingungen $v_x = (v_x)_1$, $v_y = (v_y)_1$ zu studieren, d. h. insbesondere $\dot{\varphi}$, $\ddot{\varphi}$ und N_1 zu bestimmen.

67. Rollbewegung. Ein zylindrischer Körper mit kreisartigem Querschnitt möge auf einer gegen die Horizontale unter dem Winkel geneigten Ebene rollen. Wir betrachten zunächst den Fall des reinen Rollens, bei dem also kein Gleiten stattfindet und kein Rollwiderstand auftritt, der immer mit einer geringen Deformation verbunden ist. Kinematisch ist zu sagen, daß der jeweilige Berührungspunkt M des Zylinderschnitts mit der Ebenenspur (e) der momentane Drehpol der bewegten Scheibe ist; (e) ist die feste, (c) die bewegliche Polbahn.

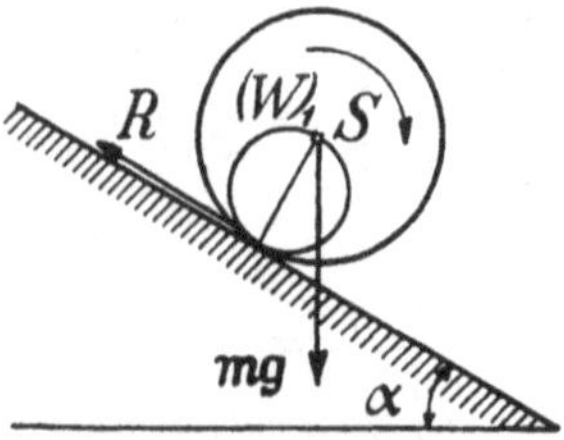

Fig. 40

Man kann dann, wie gezeigt, aus der Geschwindigkeit des Schwerpunktes leicht die Geschwindigkeit irgend eines Punktes des Kreises oder der Scheibenebene ermitteln. Da S eine Gerade parallel zu (e) beschreibt, so ist der Kreis mit SM als Durchmesser der momentane Wendekreis (W_1), dessen Punkte nur eine Tangentialbeschleunigung haben (vgl. Fig. 40). Die Aufsuchung des Beschleunigungspoles und der Beschleunigungsvektoren ist eine interessante Übung.

Ist nun w die Drehgeschwindigkeit des Zylinders, so ist $v = rw$ die lineare Geschwindigkeit von S (zugleich die Polwechselgeschwindigkeit). Wenn wir die Schwerkraft mg in S und die Reibungskraft R in M annehmen, das Trägheitsmoment des Zylinders in bezug auf S, mk^2 setzen, und den Schwung auf den Punkt M beziehen, so haben wir die Bewegungsgleichungen

$$\begin{aligned} mr\dot{w} &= mg \sin\alpha - R, \quad N = mg \cos\alpha \\ (k^2 + r^2)\dot{w} &= g\, r \sin\alpha, \end{aligned} \tag{21}$$

woraus die Beschleunigung b und der Weg von S

$$(22)\qquad b = r\dot{w} = \frac{gr^2 \sin\alpha}{k^2 + r^2}, \quad s = \tfrac{1}{2} bt^2$$

sich ergeben. Der Punkt S bewegt sich also mit konstanter Beschleunigung abwärts. An Stelle des Zylinders kann auch irgend ein um eine Mittelebene symmetrischer Körper treten, der um eine zu dieser Ebene senkrechte Achse kreissymmetrisch ist. Wir erhalten z. B. bei gleichem Radius für die charakteristische Konstante $r^2 : k^2 + r^2 = \nu$ beim Zylinder, der Kugel und einem dünnen Reifen

	k^2	ν
Zylinder	$\frac{1}{2} r^2$	$\frac{2}{3}$
Kugel	$\frac{2}{5} r^2$	$\frac{5}{7}$
Reifen	r^2	$\frac{1}{2}$

Die für das Rollen notwendige Reibung wird

$$(23)\qquad R = \frac{mk^2 g \sin\alpha}{k^2 + r^2}.$$

Damit diese Haftreibung physikalisch möglich ist, muß

$$R \leqq fN,$$

wo f der Reibungskoeffizient für die Gleitreibung zwischen dem Zylinder und der Ebene bedeutet, oder es muß

$$(24)\qquad \operatorname{tg}\alpha \leqq \frac{k^2 + r^2}{k^2}$$

sein. Wird die Neigung der Ebene größer als arcts $\frac{k^2 + r^2}{k^2}$, so muß Gleiten stattfinden. In diesem Falle ist $v > rw$. Wir können dann die Bewegungsgleichungen in der Form

$$\dot{v} = g(\sin\alpha - f\cos\alpha) = g\,\frac{\sin(\alpha - \gamma)}{\cos\gamma}; \quad k^2\dot{w} = rg\cos\alpha \operatorname{tg}\gamma$$

ansetzen, woraus

$$(25) \qquad b = g\,\frac{\sin(\alpha - \gamma)}{\cos\gamma}\,;\ \dot w = \frac{rg\cos\alpha\,\mathrm{tg}\,\gamma}{k^2}$$

sich ergibt. Da nun

$$(26) \qquad \frac{d}{dt}(v - rw) = \dot v - r\dot w = g\left(\sin\alpha - f\cos\alpha\,\frac{k^2 + r^2}{k^2}\right),$$

so ergibt sich, daß, je nachdem $\mathrm{tg}\,\alpha \gtreqless f\,\frac{k^2 + r^2}{k^2}$ ist, das Abwärtsgleiten sich verstärkt fortsetzen oder bleiben wird. Im anderen Fall wird es einmal aufhören.

Wenn $v - rw < 0$ ist, so tritt Aufwärtsgleiten ein und das Vorzeichen von R ändert sich. Wir erhalten dann aus

$$(27) \qquad \dot v = g\sin\alpha + fg\cos\alpha;\ \dot w = -\frac{frg\cos\alpha}{k^2}$$

die Ungleichung

$$(28) \qquad \frac{d}{dt}(v - rw) = g\sin\alpha + fg\cos\alpha\,\frac{k^2 + r^2}{k^2} > 0.$$

Also muß dieser Zustand sicher einmal aufhören oder $v - rw$ muß Null oder positiv werden. Es ergibt sich also, daß das Aufwärtsgleiten des Berührungspunktes M auf die Dauer unmöglich ist. Schließlich wird Rollen eintreten, das auch andauern wird, wenn die Bedingung (24) erfüllt ist. Trifft aber das Gegenteil zu, so wird in allen Fällen schließlich ein Abwärtsgleiten eintreten.

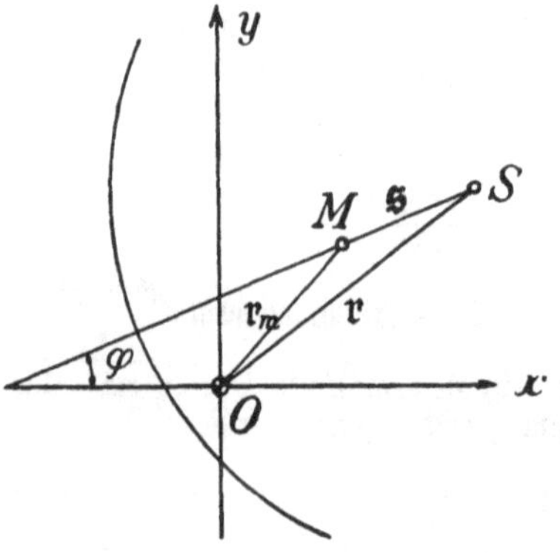

Fig. 41

68. Kritische Drehzahlen von Turbinenwellen. In der Mitte einer vertikal gestellten, an zwei Enden drehbar gelagerten Welle sei eine Kreisscheibe befestigt, deren Ebene senkrecht zur Welle steht und die mit der Welle in schnelle Umdrehung versetzt wird. In der mittelsenkrechten Ebene zur Verbindungslinie der Auflager, in der sich der Schwerpunkt S der Scheibe bewegt, möge 0 der Projektionspunkt der Lagermitten, $0S = \mathfrak{r}$, ferner M der Wellenmittelpunkt, $0M = \mathfrak{r}_m$ und $\mathfrak{s} = \mathfrak{r} - \mathfrak{r}_m$ die gerichtete, $MS = s$ die absolute Exzentrizität des Schwungkörpers von der Masse m sein (Fig. 41). Da wir vom Gewicht absehen können, so tritt als einzige äußere Kraft die in Richtung $M0$ $(-\mathfrak{r}_m)$ wirkende elastische Kraft der Welle auf, die $= -m\alpha^2\mathfrak{r}_m$ gesetzt werden kann. Wir haben dann als erste Vektorgleichung der Bewegung nach Division mit m

(29) $$\ddot{\mathfrak{r}} + \alpha^2(\mathfrak{r} - \mathfrak{s}) = 0.$$

Ist ferner k der Trägheitsradius in bezug auf die S-Achse, so lautet die Momentengleichung

(30) $$k^2\dot{\mathfrak{w}} - \alpha^2[\mathfrak{r} \times (\mathfrak{r} - \mathfrak{s})] = 0 \text{ oder } k^2\dot{\mathfrak{w}} + \alpha^2\mathfrak{r} \times \mathfrak{s} = 0.$$

Zerlegt man diese Gleichungen nach den durch 0 gezogenen Koordinatenrichtungen, so kommt, wenn noch der Winkel zwischen MS und der x-Richtung φ genannt wird,

(31) $$\ddot{x} + \alpha^2(x - s\cos\varphi) = 0; \quad \ddot{y} + \alpha^2(y - s\sin\varphi) = 0,$$

(32) $$k^2\ddot{\varphi} + \alpha^2 s(x\sin\varphi - y\cos\varphi) = 0.$$

Man kann nun leicht zwei erste Integrale dieses Systems angeben, die den Energiesatz und den Flächensatz zum Ausdruck bringen. Zunächst erhält man mit Benutzung der Vektorformeln Kap. 1, (18)–(19) und $\mathfrak{w} \times \mathfrak{s} = \dot{\mathfrak{s}}$, $\mathfrak{s} \cdot \dot{\mathfrak{s}} = 0$

$$\ddot{\mathfrak{r}} \cdot \dot{\mathfrak{r}} + k^2\dot{\varphi}\ddot{\varphi} + \alpha^2[(\mathfrak{r} - \mathfrak{s}) \cdot \dot{\mathfrak{r}} + \dot{\mathfrak{w}} \cdot (\mathfrak{r} \times \mathfrak{s})] = 0$$

oder

(33) $$\frac{d}{dt}\left(\tfrac{1}{2}\dot{r}^2 + \tfrac{1}{2}k^2w^2\right) + \frac{d}{dt}\left[\tfrac{1}{2}\alpha^2(\mathfrak{r} - \mathfrak{s})^2\right] = 0,$$

d. h.

$$E + U = \text{konst.} = h, \text{ mit } U = \tfrac{1}{2}m\alpha^2 r_m^2.$$

Das zweite Integral ergibt sich durch Vektor-Multiplikation von (29) mit $\mathfrak{r}$ und Benutzung von (30). So entsteht aus

$$\mathfrak{r} \times \ddot{\mathfrak{r}} + \alpha^2\mathfrak{r} \times (\mathfrak{r} - \mathfrak{s}) = 0$$

das Integral

(34) $$\mathfrak{r} \times \dot{\mathfrak{r}} + k^2\mathfrak{w} = \text{konst.}; \quad \mathfrak{L}_s + \mathfrak{L}' = \text{konst.} = h_2.$$

Der Gesamtschwung der Scheibe $\mathfrak{L} = \mathfrak{L}_s + \mathfrak{L}'$ in bezug auf 0 ist konstant, wie zu erwarten, da die äußere Kraft selbst durch 0 hindurchgeht.

Für einen von Null verschiedenen Wert von s kann man ∞^2 Lösungen leicht angeben, wenn s klein ist gegen k oder $0SM$ dauernd in einer Geraden liegen. Da in diesem Falle das Drehmoment vernachläßigt werden kann, so ergibt sich

$$\varphi = wt + \varphi_0$$

und weiter nach Nr. 43, wenn $\varphi_0 = 0$ gesetzt wird, in komplexer Schreibweise

$$z = x + iy = Ce^{i(\alpha t + \eta)} + \frac{s\alpha^2}{\alpha^2 - w^2} e^{iwt}, \tag{35}$$

Das erste Glied des rechtsseitigen Ausdrucks stellt die unabhängig von der Rotation erfolgende harmonische Schwingung der Welle dar; je nach Art des Anfangsimpulses beschreibt S eine Ellipse, einen Kreis oder eine Gerade. Wegen der Dämpfung wird diese Schwingung bald abklingen, und es wird schließlich die zweite Bewegungsform allein übrigbleiben, die in einer gleichmäßigen Umdrehung im Kreise mit dem Radius $\lambda = s \frac{\alpha^2}{\alpha^2 - w^2}$ besteht. Für kleine Werte von w wird λ positiv mit einem Absolutwert, der etwas größer ist als s. Sobald w sich dem Werte α nähert, beginnt λ stark zu wachsen. $w = \alpha$ bedeutet die bekannte erste kritische Geschwindigkeit mit theoretisch unendlich großen Ausschlägen. Wird $w > \alpha$, so nimmt der Absolutwert von λ wieder ab, und für sehr große w nähert sich λ der Null.

Um die Art des Anwachsens der Amplitude für $w = \alpha$ zu zeigen, bemerken wir, daß die Gleichung für den komplexen Vektor $x + iy$

$$\ddot{z} + \alpha^2 z = \alpha^2 s e^{i\alpha t}$$

die partikuläre Lösung hat

$$z = -i \frac{s}{2} \alpha t e^{i\alpha t}. \tag{36}$$

Es ergibt sich also aus $|z| = r^2 = \frac{s}{2} \alpha t$, daß der Schwerpunkt im kritischen Fall eine archimedische Spirale beschreibt oder die Ausschläge proportional mit der Zeit anwachsen.

69. **Einfluß des Gewichts.** Ist die Welle horizontal, so haben wir bei Berücksichtigung des Gewichts

$$\ddot{\mathfrak{r}} + \alpha^2(\mathfrak{r} - \mathfrak{s}) - g\mathfrak{j} = 0; \quad k^2\dot{\mathfrak{w}} + \alpha^2(\mathfrak{r} \times \mathfrak{s}) = 0, \tag{37}$$

wo $\mathfrak{j}$ der Einheitsvektor in der vertikalen y-Richtung ist. Setzt man $\mathfrak{r} + \frac{g}{\alpha^2}\mathfrak{j}$ statt $\mathfrak{r}$, verschiebt also den Anfangspunkt um $\frac{g}{\alpha^2}$ nach unten, so wird

(38) $$\ddot{\mathfrak{r}} + \alpha^2(\mathfrak{r} - \mathfrak{s}) = 0;$$

(39) $$k^2\dot{\mathfrak{w}} + \alpha^2(\mathfrak{r} \times \mathfrak{s}) + g\mathfrak{j} \times \mathfrak{s} = 0.$$

Bei Vernachlässigung von $\mathfrak{r} \times \mathfrak{s}$ schreibt sich die letzte Gleichung in der skalaren Form

(40) $$\ddot{\varphi} = \frac{gs\cos\varphi}{k^2},$$

woraus

(41) $$w^2 = w_0^2 + \frac{2gs\sin\varphi}{k^2},$$

wenn w_0 die mittlere Drehgeschwindigkeit bedeutet. Man hat dann angenähert

(42) $$w = w_0 + \frac{gs}{w_0^2k^2}\sin\varphi = w_0 + \varepsilon\sin w_0t$$

(43) $$\varphi = \int_0^t w\,dt = w_0t + \frac{\varepsilon}{w_0}(1 - \cos w_0t).$$

Wegen der Kleinheit des zweiten Gliedes rechts erhalten wir, wenn statt w_0 wieder w geschrieben wird,

$$\cos\varphi = \cos wt - \frac{\varepsilon}{w}\sin wt + \frac{\varepsilon}{2w}\sin 2wt$$

$$\sin\varphi = \sin wt + \frac{\varepsilon}{w}\cos wt - \frac{\varepsilon}{2w} - \frac{\varepsilon}{2w}\cos 2wt.$$

Daher

(44) $$\begin{aligned} e^{i\varphi} &= \cos\varphi + i\sin\varphi = \left(1 + \frac{i\varepsilon}{w}\right)e^{iwt} - i\,\frac{\varepsilon}{2w} - \frac{i\varepsilon}{2w}e^{2iwt} \\ &= -i\,\frac{\varepsilon}{2w} + \frac{1}{w}\sqrt{w^2 + \varepsilon^2}\,e^{i(wt+\varphi_1)} + \frac{\varepsilon}{2w}e^{i(2wt+\varphi_2)}. \end{aligned}$$

Wir erhalten also als Gleichung für die komplexe Variable

(45) $$\begin{aligned} \ddot{z} + \alpha^2\left(z + i\,\frac{s\varepsilon}{2w}\right) &= \alpha^2 s e^{i\varphi} \\ &= \alpha^2 s\left[\frac{1}{w}\sqrt{w^2 + \varepsilon^2}\,e^{i(wt+\varphi_1)} + \frac{\varepsilon}{2w}e^{i(2wt+\varphi_2)}\right] \end{aligned}$$

Die Lösung, die sich aus zwei Teilen zusammensetzt, lautet nach

(46) $$\begin{aligned} z + i\,\frac{s\varepsilon}{2w} &= \frac{\alpha^2 s\sqrt{w^2 + \varepsilon^2}}{w(\alpha^2 - w^2)}e^{i(wt+\varphi_1)} \\ &+ \frac{\alpha^2 s\varepsilon}{2w(\alpha^2 - 4w^2)}e^{i(2wt+\varphi_2)} = a_1e^{i(wt+\varphi_1)} + a_2e^{i(2wt+\varphi_2)}. \end{aligned}$$

Daraus ergibt sich folgendes: Der Schwerpunkt S des Schwungrades beschreibt eine Epizykloide. Der Grundkreis hat den Radius a_1 und der Mittelpunkt liegt um $\frac{\varepsilon s}{2w} = \frac{gs^2}{2k^2w^2}$ unter dem Wellenmittel. Auf diesem Kreise bewegt sich der Mittelpunkt eines zweiten Kreises mit der Winkelgeschwindigkeit w, dessen Halbmesser a_2 mit der doppelten Winkelgeschwindigkeit $2w$ rotiert. Der Schwerpunkt S ist dann der Endpunkt dieses Radius. Der Maximalwert von a_1, der im vorliegenden Falle unendlich wird, entspricht der gewöhnlichen kritischen Drehzahl $w = \alpha$, der Maximalwert von a_2 dagegen einer zweiten, zuerst von Stodola auf experimentellen Wege aufgefundenen Drehzahl $w = \frac{1}{2}\alpha$.

Die Berücksichtigung der Dämpfung, die eine Herabsetzung der Ausschläge und eine Phasenverschiebung zur Folge hat, bietet bei Benutzung der in Nr. 45 entwickelten Methode keine grundsätzlichen Schwierigkeiten.

V. Allgemeine Drehbewegung des starren Körpers

14. Kapitel

Trägheitsdyade und Schwungvektor

70. Rotationsenergie und Trägheitsdyade. Wenn wir von der Schwerpunktsbewegung oder der Translation absehen, so bleibt für die allgemeine Bewegung des starren Körpers die Rotation übrig, die eine besondere eingehende Betrachtung erforderlich macht. Die kinetische Energie E setzt sich, wie bereits bei der Scheibenbewegung ausgeführt wurde, aus der Energie der Fortschreitung und der Drehenergie zusammen. Bezeichnen wir den Radiusvektor vom Schwerpunkt oder einem festen Drehpunkt nach einem Punkt des Körpers mit $\mathfrak{r}$, die Winkelgeschwindigkeit mit $\mathfrak{w}$, so erhält mit $\mathfrak{v} = \mathfrak{w} \times \mathfrak{r}$ die Drehwucht folgende Form

$$(1) \qquad E_r = \tfrac{1}{2} \Sigma\, dm(\mathfrak{w} \times \mathfrak{r}) \cdot \mathfrak{w} \times \mathfrak{r}\,.$$

Um diesen Ausdruck auf eine Dyade zurückzuführen, wenden wir den Vertauschungssatz bzw. die Formel 4, (19), (20) an. Dann wird mit Benutzung von $\mathfrak{w} = \mathfrak{w} \cdot I$

$$(2)\quad \begin{aligned}(\mathfrak{w}\times\mathfrak{r})\cdot\mathfrak{w}\times\mathfrak{r} &= \mathfrak{r}\cdot\mathfrak{r}\mathfrak{w}\cdot\mathfrak{w} - \mathfrak{w}\cdot\mathfrak{r}\mathfrak{r}\cdot\mathfrak{w}\\ &= \mathfrak{w}\cdot Ir^2\cdot\mathfrak{w} - \mathfrak{w}\cdot\mathfrak{r}\mathfrak{r}\cdot\mathfrak{w}\\ &= \mathfrak{w}\cdot[Ir^2 - \mathfrak{r}\mathfrak{r}]\cdot\mathfrak{w}.\end{aligned}$$

Bezeichnen wir nun die massengeometrische Größe

$$\Sigma\, dm(r^2 I - \mathfrak{r}\mathfrak{r})$$

als Trägheitsdyade mit Φ, so wird

$$(3)\quad E_r = \tfrac{1}{2}\,\mathfrak{w}\cdot\Phi\cdot\mathfrak{w} = \tfrac{1}{2}\,w^4\mathfrak{e}\cdot\Phi\cdot\mathfrak{e} = \tfrac{1}{2}\,\Theta_{\mathfrak{e}} w^2.$$

Damit ist gleichzeitig die Abhängigkeit des Trägheitsmomentes Θ von der Richtung $\mathfrak{e}$ der Drehachse aufgefunden. In der Neunerform haben wir für die Dyade

$$(4)\quad \begin{aligned}\Phi = \Theta_{xx}\mathfrak{i}\mathfrak{i} + \Theta_{yy}\mathfrak{j}\mathfrak{j} + \Theta_{zz}\mathfrak{k}\mathfrak{k} + \Theta_{yz}(\mathfrak{j}\mathfrak{k} + \mathfrak{k}\mathfrak{j})\\ + \Theta_{zx}(\mathfrak{k}\mathfrak{i} + \mathfrak{i}\mathfrak{k}) + \Theta_{xy}(\mathfrak{i}\mathfrak{j} + \mathfrak{j}\mathfrak{i}),\end{aligned}$$

wo folgende Abkürzungen eingeführt sind:

$$(5)\quad \begin{aligned}&\Theta_{xx} = \Sigma\, dm(y^2 + z^2);\quad \Theta_{yy} = \Sigma\, dm(x^2 + z^2);\\ &\Theta_{zz} = \Sigma\, dm(x^2 + y^2);\quad \Theta_{yz} = -\Sigma\, dmyz;\\ &\Theta_{zx} = -\Sigma\, dmzx;\quad \Theta_{xy} = -\Sigma\, dmxy.\end{aligned}$$

$\Theta_{xx}, \Theta_{yy}, \Theta_{zz}$ sind die Trägheitsmomente in bezug auf die Achsen des Systems, $-\Theta_{yz}, -\Theta_{zx} \cdots$ die sog. Deviationsmomente in bezug auf die drei Achsenpaare. Sei

$$\mathfrak{e} = \cos\alpha_1\mathfrak{i} + \cos\alpha_2\mathfrak{j} + \cos\alpha_3\mathfrak{k},$$

so drückt sich das Trägheitsmoment in bezug auf eine beliebige Achse $\mathfrak{e}$ durch die Grundgrößen für die Koordinatenachsen in folgender Weise aus:

$$(6)\quad \begin{aligned}\Theta_{\mathfrak{e}} = \mathfrak{e}\cdot\Phi\cdot\mathfrak{e} = \Theta_{xx}\cos^2\alpha_1 + \Theta_{yy}\cos^2\alpha_2\\ + \Theta_{zz}\cos^2\alpha_3 + 2\Theta_{yz}\cos\alpha_2\cos\alpha_3\\ + 2\Theta_{zx}\cos\alpha_3\cos\alpha_1 + 2\Theta_{xy}\cos\alpha_1\cos\alpha_2.\end{aligned}$$

Im besonderen ergibt sich

$$\mathfrak{i}\cdot\Phi\cdot\mathfrak{i} = \Theta_{xx}\ \text{usw.}$$

Ebenso wird

$$\mathfrak{i}\cdot\Phi\cdot\mathfrak{j} = -\Theta_{xy}\ \text{usw.}$$

Die Verallgemeinerung der letzten Formel für das Deviationsmoment für irgend zwei zueinander senkrechten Achsen ξ (Richtung $\mathfrak{e}_\alpha$) und η (Richtung $\mathfrak{e}_\beta$) ergibt sich wegen

$$\xi = \mathfrak{r} \cdot \mathfrak{e}_\alpha, \; \eta = \mathfrak{r} \cdot \mathfrak{e}_\beta, \; \mathfrak{e}_\alpha \cdot \mathfrak{e}_\beta = 0, \; \mathfrak{e}_\alpha \cdot I = \mathfrak{e}_\alpha \text{ aus}$$

$$\mathfrak{e}_\alpha \cdot (r^2 I - \mathfrak{r}\mathfrak{r}) \cdot \mathfrak{e}_\beta = - \mathfrak{e}_\alpha \cdot \mathfrak{r}\mathfrak{r} \cdot \mathfrak{e}_\beta.$$

Man erhält daher

$$(7) \qquad \Sigma\, dm\, \xi\eta = \Theta_{\xi\eta} = \Theta_{\alpha\beta} = - \mathfrak{e}_\alpha \cdot \Phi \cdot \mathfrak{e}_\beta.$$

Wir setzen nun voraus, daß die Wucht E_r einen bestimmten konstanten Wert annehmen soll und denken uns auf allen möglichen Achsen durch S den zugehörigen Vektor $\mathfrak{w}$ aufgetragen, dann erfüllen die Endpunkte dieser Vektoren die Fläche des Ellipsoids

$$\mathfrak{w} \cdot \Phi \cdot \mathfrak{w} = 2 E_r,$$

das auch das Cauchy-Poinsotsche Trägheitsellipsoid genannt wird. Die Hauptachsen dieses Ellipsoids sind dadurch ausgezeichnet, daß die zugehörigen Deviationsmomente verschwinden. Nennt man die Hauptträgheitsmomente für diese Achsen $\Theta_1 \Theta_2 \Theta_3$ und die zugehörigen Drehgeschwindigkeiten $w_1 w_2 w_3$, so lautet die Normalform des Ellipsoids

$$(8) \qquad \Theta_1 w_1^2 + \Theta_2 w_2^2 + \Theta_3 w_3^2 = 2 E_r.$$

Die Halbachsen dieses Ellipsoids sind den Trägheitsradien $k_1 k_2 k_3$ umgekehrt proportional.

Auf die sehr einfache Darstellung des ebenen Falles, der nur für die Statik von Bedeutung ist, wollen wir in diesem Zusammenhang verzichten.

71. Beziehung zum Schwungvektor. Auch der Schwung des Körpers kann durch die Träghheitsdyade ausgedrückt werden. Man hat

$$\mathfrak{L} = \Sigma\, dm\, \mathfrak{r} \times (\mathfrak{w} \times \mathfrak{r})$$
$$= \Sigma\, dm (r^2 \mathfrak{w} - \mathfrak{r}\mathfrak{r} \cdot \mathfrak{w}) = \Sigma\, dm (r^2 I - \mathfrak{r}\mathfrak{r}) \cdot \mathfrak{w},$$

also

$$(9) \qquad \mathfrak{L} = \mathfrak{w} \cdot \Phi.$$

Der Schwung oder das Impulsmoment ist also das skalare Produkt aus der Trägheitsdyade und der

Winkelgeschwindigkeit, er ist eine lineare Vektorfunktion dieser Drehgeschwindigkeit. Andererseits ist auch

$$\mathfrak{L} = \nabla E_r = \frac{\partial E_r}{\partial \mathfrak{w}}. \tag{10}$$

Der Schwungvektor ist also der Gradientvektor der Energie in bezug auf die Winkelgeschwindigkeit. In der Koordinatendarstellung haben wir

$$\left\{\begin{aligned} L_x &= \frac{\partial E_r}{\partial w_x} = \Theta_{xx} w_x + \Theta_{xy} w_y + \Theta_{xz} w_z \\ L_y &= \frac{\partial E_r}{\partial w_y} = \Theta_{xy} w_x + \Theta_{yy} w_y + \Theta_{yz} w_z \\ L_z &= \frac{\partial E_r}{\partial w_z} = \Theta_{zx} w_x + \Theta_{zy} w_y + \Theta_{zz} w_z \end{aligned}\right. \tag{11}$$

Nur für die Hauptachsen fallen die beiden durch (11) aufeinander bezogenen Vektoren zusammen. Wir haben

$$L_1 = \Theta_1 w_1;\; L_2 = \Theta_2 w_2;\; L_3 = \Theta_3 w_3. \tag{12}$$

Wenn man in der Gleichung des Trägheitsellipsoids $\mathfrak{L}$ statt $\mathfrak{w}$ einführt, also

$$\mathfrak{w} = \mathfrak{L} \cdot \Phi^{-1} \tag{13}$$

setzt, so erhält man in

$$\mathfrak{L} \cdot \Phi^{-1} \cdot \mathfrak{L} = 2E_r \tag{14}$$

eine weitere Fläche, das Mac Cullaghsche Schwungellipsoid, das, auf die Hauptachsen bezogen, die Gleichung

$$\frac{L_1^2}{\Theta_1} + \frac{L_2^2}{\Theta_2} + \frac{L_3^2}{\Theta_3} = 2E_r \tag{15}$$

hat. Geometrisch ergibt sich, daß der zu $\mathfrak{w}$ gehörende Schwungvektor senkrecht steht auf der Tangentenebene im Endpunkt von $\mathfrak{w}$ des Trägheitsellipsoids, ebenso ist der $\mathfrak{w}$-Vektor senkrecht zur Tan-

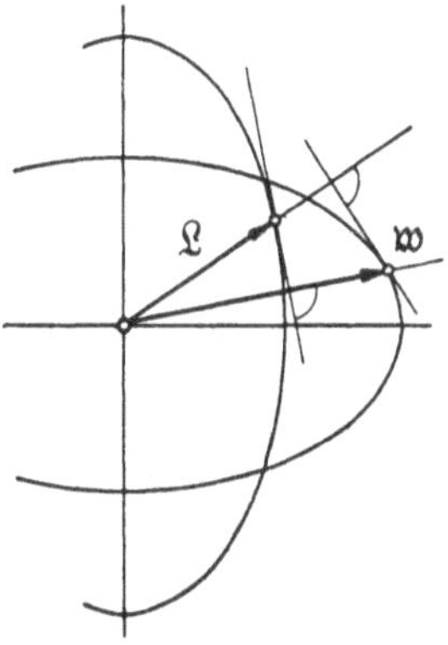

Fig. 42

gentenebene im Endpunkt $\mathfrak{L}$ des Schwungellipsoids. Man sieht auch aus diesen Zusammenhang, daß nur für die Hauptachsen beide Vektoren in eine Richtung fallen. Wegen $\mathfrak{L}\,\mathfrak{w}\cdot = Lw \cos | \mathfrak{L}, \mathfrak{w} | = 2E_r$ hat das von S auf die Tangentenebene in $\mathfrak{L}$ gefällte Lot die Länge $\frac{2E_r}{L}$, ist also umgekehrt proportional dem Betrage des Schwungvektors.

72. Weiteres Reziprozitätsgesetz für $\mathfrak{L}$ und $\mathfrak{w}$. Wenn man die Drehwucht E_r nach der Zeit differenziert, so kommt

$$E_r = \tfrac{1}{2}\,\mathfrak{w}\cdot\dot{\mathfrak{L}} + \tfrac{1}{2}\,\dot{\mathfrak{w}}\cdot\mathfrak{L}.$$

Andererseits folgt aus $E_r = \frac{1}{2} \sum dm(\mathfrak{w}\times\mathfrak{r})^2$

$$dE_r = \sum dm(\mathfrak{w}\times\mathfrak{r})\cdot[d\mathfrak{w}\times\mathfrak{r} + \mathfrak{w}\times d\mathfrak{r}].$$

Nun ist nach dem Vertauschungssatz für Vektoren

$$\mathfrak{w}\times\mathfrak{r}\cdot d\mathfrak{w}\times\mathfrak{r} = d\mathfrak{w}\cdot\mathfrak{r}\times(\mathfrak{w}\times\mathfrak{r}) = d\mathfrak{w}\cdot\mathfrak{r}\times\mathfrak{v}.$$

Ferner ergibt sich wegen $d\mathfrak{r} = (\mathfrak{w}\times\mathfrak{r})dt$, daß auf Grund der bekannten Vektorregeln

$$\begin{aligned}\mathfrak{w}\times\mathfrak{r}\cdot\mathfrak{w}\times d\mathfrak{r} &= \mathfrak{w}\times\mathfrak{r}\cdot\mathfrak{w}\times(\mathfrak{w}\times\mathfrak{r})dt\\ &= \mathfrak{w}\times\mathfrak{r}\cdot[\mathfrak{w}(\mathfrak{w}\cdot\mathfrak{r}) - \mathfrak{r}w^2]dt = 0\end{aligned}$$

wird, da $\mathfrak{w}$ und $\mathfrak{w}\times\mathfrak{r}$, sowie $\mathfrak{r}$ und $\mathfrak{w}\times\mathfrak{r}$ aufeinander senkrecht stehen. Wir erhalten also schließlich

$$dE_r = d\mathfrak{w}\cdot\sum dm(\mathfrak{r}\times\mathfrak{v}) = d\mathfrak{w}\cdot\mathfrak{L} \tag{16}$$

oder

$$\frac{dE_r}{dt} = \mathfrak{w}\cdot\dot{\mathfrak{L}} = \dot{\mathfrak{w}}\cdot\mathfrak{L}. \tag{17}$$

Die bereits oben erkannte Reziprozität zwischen dem Schwungvektor und dem Vektor der Drehgeschwindigkeit ist damit noch weiter vervollständigt. Die weiteren Folgerungen aus diesem Differentiationsgesetz werden im nächsten Kapitel eingehend besprochen.

15. Kapitel

Kinematik der kräftefreien Drehung

73. Die Poinsot-Bewegung. Die Drehung eines starren Körpers um den Schwerpunkt oder einem anderen festen Punkt C wird beherrscht von dem allgemeinen Flächensatz. Wir werden zunächst die kräftefreie Bewegung untersuchen, wie sie unter der Wirkung irgendeines anfänglichen, aber vergangenen Impulses zustandekommt. Wir nehmen also an, daß im Augenblick die Drehmomente der äußeren Kräfte in bezug auf den Schwerpunkt verschwinden. Dann ergibt der Flächen- oder Momentensatz, daß der Schwungvektor nach Größe und Richtung konstant ist. Wegen der Beziehung 65, (17) folgt hieraus, daß auch die Drehwucht konstant ist, so daß in der Tat das Poinsot-Ellipsoid als Repräsentant des Körpers bei seiner Bewegung anzusehen ist. Damit können wir uns auf Grund der Ergebnisse des vorigen Kapitels ein anschauliches Bild von den kinematischen Verhältnissen machen. So beschreibt z. B. der Endpunkt des im Raume unveränderlichen Schwunges im bewegten Körper eine Bahn, die als Schnitt der Kugel

$$\mathfrak{L} \cdot \mathfrak{L} = L^2 \tag{1}$$

mit dem Schwungellipsoid

$$\mathfrak{L} \cdot \mathfrak{J}^{-1} \cdot \mathfrak{L} = 2E_r \tag{2}$$

gewonnen werden kann. Da ferner sowohl die Normalenrichtung der Tangentialebene an das Poinsot-Ellipsoid im Punkte B, welcher der momentanen Drehachse CB entspricht, als auch der Abstand $2E_r : L$ vom Mittlepunkt konstant ist, so ist die Tangentialebene selbst eine invariable Ebene im Raum, und die Drehbewegung besteht

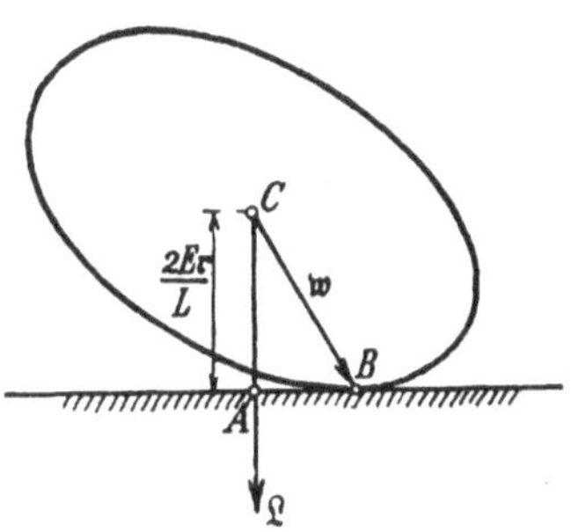

Fig. 43

darin, daß das zu E_r gehörende Trägheitsellipsoid bei festgehaltenem Zentrum auf der invariablen, zu $\mathfrak{L}$ senkrechten Ebene abrollt ohne zu gleiten. Der von C nach dem Berührungspunkt gezogene Vektor stellt den Vektor der augenblicklichen Winkelgeschwindigkeit dar.

Der Drehvektor $\mathfrak{w}$ wird sowohl im Raume wie im Körper Kegel beschreiben, die als Spur- oder Rastkegel und Pol- oder Gangkegel unterschieden werden. Die gesamte Bewegung läßt sich als ein Abrollen des Polkegels auf dem Spurkegel längs der mit $\mathfrak{w}$ zusammenfallenden Erzeugenden auffassen. Den Polkegel oder die sog. Polhodie, die Schnittkurve mit dem Ellipsoid erhält man, wenn man den Ort der Vektoren $\mathfrak{w}$ sucht, für die E_r und $\mathfrak{L}$ konstant sind. Das gibt die Gleichungen

$$(3) \qquad \mathfrak{w} \cdot \Phi \cdot \mathfrak{w} = \Theta_1 w_1^2 + \Theta_2 w_2^2 + \Theta_3 w_3^2 = 2E_r$$

$$(4) \qquad \mathfrak{w} \cdot \Phi^2 \cdot \mathfrak{w} = \Theta_1^2 w_1^2 + \Theta_2^2 w_2^2 + \Theta_3^2 w_3^2 = L^2,$$

die zweite Fläche wird auch reziprokes Maßellipsoid oder als Schwungellipsoid zweiter Art bezeichnet. Multipliziert man (3) mit L^2, (4) mit $2E_r$ und subtrahiert dann beide Gleichungen, so erhält man mit $L^2 : 2E_r = D$ in

$$(5) \quad \Theta_1(\Theta_1 - D)w_1^2 + \Theta_2(\Theta_2 - D)w_2^2 + \Theta_3(\Theta_3 - D)w_3^2 = 0$$

die Gleichung des elliptischen Polkegels, der auf der Poinsot-Fläche eine Kurve vierter Ordnung bestimmt. Durch das gleiche Verfahren erhält man aus (1) und (2) für den Kegel der Schwungachse im Körper die Gleichung

$$(6) \quad \left(1 - \frac{D}{\Theta_1}\right) L_1^2 + \left(1 - \frac{D}{\Theta_2}\right) L_2^2 + \left(1 - \frac{D}{\Theta_3}\right) L_3^2 = 0\,.$$

Setzen wir nun $\Theta_1 > \Theta_2 > \Theta_3$, so muß $\Theta_3 - D < 0$ und $\Theta_1 - D > 0$ sein, damit der Kegel (5) reell wird. Wir haben dann drei Fälle zu unterscheiden. Im Falle $\Theta_2 - D = 0$ zerfällt der Kegel in zwei Ebenen, die sich in der y-Achse schneiden. Im Falle $\Theta_2 - D > 0$ ist der Polkegel ein elliptischer Kegel um die z-Achse. Der Spurkegel liegt außerhalb des Polkegels (epizyklische Bewegung), im Falle $\Theta_2 - D < 0$ dagegen ist der Polkegel ein elliptischer Kegel um die x-Achse

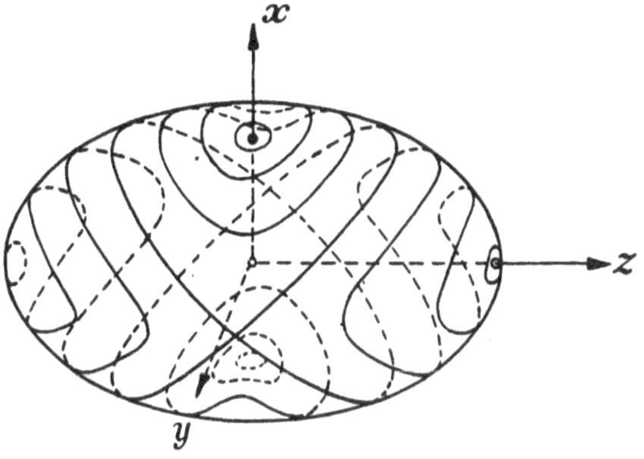

Fig. 44

und er umschließt den Spurkegel (perizyklische Bewegung). Wenn (3) ein Rotationsellipsoid, also $\Theta_1 = \Theta_2$ ist, so werden Pol- und Spurkegel Kreiskegel. Die Bewegung selbst, die in einem Abrollen des Polkegels auf dem Spurkegel besteht, heißt in diesem Fall auch Präzessionsbewegung.

Der Spurkegel bestimmt auf der invariablen Ebene die sog. Herpolhodie, den Ort der Berührungspunkte B des Trägheitsellipsoids. Die Radienvektoren vom Fußpunkt A des Lotes von S auf diese Ebene sind

$$(7) \qquad \varrho^2 = w^2 - \left(\frac{2E_r}{L}\right)^2$$

Die Kurve liegt zwischen zwei Kreisen um A, die sie abwechselnd berührt und deren Radien man durch Substitution des größten und kleinsten Wertes von ϱ findet. Sie ist im allgemeinen keine geschlossene Kurve, nur dann, wenn der Winkel, der zu den beiden Punkten, in denen sie sukzessive denselben Kreis berührt, gehört, mit 2π kommensurabel ist; in diesem Fall beschreibt der Berührungspunkt auf der festen Ebene wiederholt dieselbe Bahn.

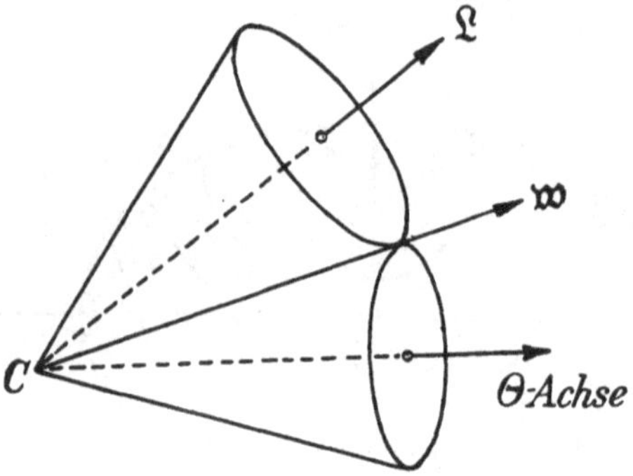

Fig. 45 a

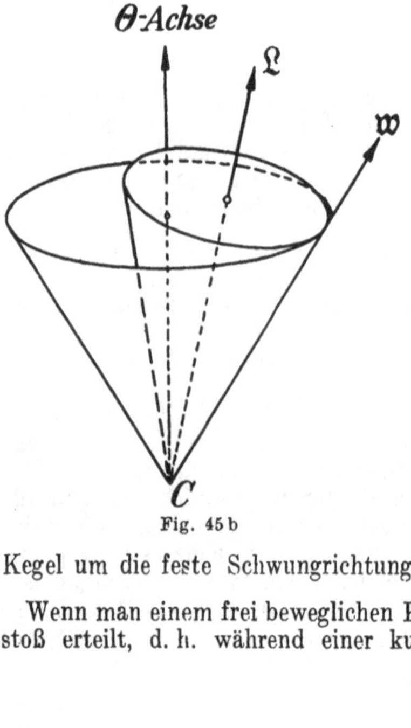

Fig. 45 b

74. Unterscheidung der Achsen. Aus dem Vorhergehenden ergibt sich, daß die Drehachse eines um den Schwerpunkt kräftefrei rotierenden Körpers nur dann erhalten bleibt, wenn die Achse mit einer Hauptträgheitsachse zusammenfällt, die daher auch permanente oder freie Achse genannt wird. Im allgemeinen Fall beschreibt die 𝔴-Achse um diese freie Achse einen Kegel, im Raume dagegen einen Kegel um die feste Schwungrichtung.

Wenn man einem frei beweglichen Körper einen sog. Drehstoß erteilt, d. h. während einer kurzen Zeit ein starkes

Kräftepaar auf ihn wirken läßt, so ist wegen $\frac{d\mathfrak{L}}{dt} = \mathfrak{M}$ der Schwung durch $\mathfrak{L} = \int \mathfrak{M} dt$ bestimmt. Die Achse der resultierenden Drehung ergibt sich dagegen für ein mit den Hauptachsen zusammenfallendes Bezugssystem aus

$$\mathfrak{w} = \frac{L_x}{\Theta_x}\mathfrak{i} + \frac{L_y}{\Theta_y}\mathfrak{j} + \frac{L_z}{\Theta_z}.$$

Auch hier besteht wieder die Sonderstellung der Haupt- oder freien Achsen darin, daß ein mit ihnen paralleler Drehstoß und die momentane Drehachse keine Richtungsabweichung zeigen.

Andererseits ergibt sich, daß im Fall der zwangsweisen Drehung um eine feste Achse gewisse Reaktions- oder Auflagerkräfte zwischen Körper und Lager auftreten, die von der Massenverteilung um die Drehachse abhängen. Machen wir z. B. die Rotationsachse zur z-Achse eines Bezugssystems und legen die xy-Ebene durch den Schwerpunkt, so erhält man für das Moment aus

$$\mathfrak{M} = \mathfrak{i} \sum dm(yb_z - zb_y) + \mathfrak{j} \sum dm(zb_x - xb_z)$$

wegen

$$b_z = 0,\ b_x = -w^2 x,\ b_y = -w^2 y$$

den Ausdruck

$$(8)\quad \mathfrak{M} = \mathfrak{i} w^2 \sum dmyz - \mathfrak{j} w^2 \sum dmxz = w^2[-\Theta_{yz}\mathfrak{i} + \Theta_{xz}\mathfrak{j}].$$

Man sieht also, daß die Massenwirkung auf das Lager bei einem rotierenden Körper nur dann wegfällt, wenn die Deviationsmomente Θ_{yz} und Θ_{xz} verschwinden oder wenn die Drehachse zugleich Hauptträgheitsachse ist.

75. Stabilität. Eine andere Frage ist die der Stabilität. Es kommt darauf an, ob eine irgendwie veranlaßte Abweichung der Drehachse sich im Laufe der Bewegung vergrößert oder nur in kleinen Grenzen bleibt. Nun sieht man, daß nur um die Endpunkte P_1 und P_3 der größten und kleinsten Hauptträgheitsachse eine Nachbarpolhoide möglich ist, d. h. eine Folge von Punkten, deren Tangentialebene vom Zentrum einen von SP_1 bzw. SP_3 nur wenig abweichenden

Abstand haben; während dem Endpunkt der mittleren Achse keine Polhodie benachbart ist, die P_2 eng umkreist, sondern nur Polhodiekurven, die das ganze Ellipsoid umfassen. Aus diesem Grunde nennt man die größte und kleinste Trägheitsachse stabile, die mittlere Trägheitsachse eine labile Hauptachse. Wir werden auf dieses unterschiedliche Verhalten später noch einmal zurückkommen.

16. Kapitel
Die Bewegungsgleichungen

76. Die Eulerschen Gleichungen. Die Kenntnis der Bewegung des starren Körpers wird erst vollständig, wenn es gelingt, die veränderlichen Parameter als Funktion der Zeit darzustellen. Wir werden zunächst die allgemeinen Drehgleichungen auf ein körperfestes System beziehen und dann gewisse Beziehungsgrößen einführen, welche geeignet sind, die Lage dieses Systems gegen das durch denselben Punkt, den Schwerpunkt oder irgend einen festen Punkt eindeutig zu bestimmen.

Unsere Bewegungsgleichungen gehen aus den grundlegenden Vektorbeziehungen hervor

$$(1) \qquad \frac{d\mathfrak{L}}{dt} = \mathfrak{M}; \quad \mathfrak{L} = \mathfrak{w} \cdot \Phi .$$

Durch Differentiation des Schwungvektors erhalten wir

$$(2) \qquad \frac{d\mathfrak{L}}{dt} = \dot{\mathfrak{w}} \cdot \Phi + \mathfrak{w} \cdot \frac{d\Phi}{dt} .$$

Φ ist eine im Körper feste Dyade, deren Änderung nur in einer Drehung bestehen kann. Wir haben also

$$\frac{d\Phi}{dt} = \mathfrak{w} \times \Phi$$

und daher

$$(3) \qquad \begin{cases} \dfrac{d\mathfrak{L}}{dt} = \dot{\mathfrak{w}} \cdot \Phi + \mathfrak{w} \cdot \mathfrak{w} \times \Phi = \dot{\mathfrak{w}} \cdot \Phi - \mathfrak{w} \cdot \Phi \times \mathfrak{w} \\ \qquad = \dot{\mathfrak{w}} \cdot \Phi + \mathfrak{w} \times \mathfrak{w} \cdot \Phi = \mathfrak{M}. \end{cases}$$

$\dot{\mathfrak{w}} \cdot \Phi$ ist der Differentialquotient des Schwunges bei festgehaltenem Φ, also seine Änderung im bewegten System. Wir können dafür auch mit Verwendung des deutschen Differentialzeichens schreiben

$$\dot{\mathfrak{w}} \cdot \Phi = \frac{\mathfrak{d}\mathfrak{L}}{dt}.$$

Dann erhalten wir

$$(4) \qquad \frac{d\mathfrak{L}}{dt} = \frac{\mathfrak{d}\mathfrak{L}}{dt} + \mathfrak{w} \times \mathfrak{L} = \dot{\mathfrak{w}} \cdot \Phi + \mathfrak{w} \times \mathfrak{L}.$$

Der oben vorkommende Ausdruck $\mathfrak{w} \cdot \Phi \times \mathfrak{w}$ kann auch als Moment $\mathfrak{M}_z$ der Zentrifugalkraft gedeutet werden, wie man durch folgende Rechnung erkennt. Es ist zunächst

$$\mathfrak{M}_z = -\sum dm\mathfrak{r} \times [\mathfrak{w} \times (\mathfrak{w} \times \mathfrak{r})] = -\sum dm\mathfrak{r} \times \mathfrak{w}(\mathfrak{w} \cdot \mathfrak{r}).$$

Andererseits wird

$$\mathfrak{w} \cdot \Phi \times \mathfrak{w} = \sum dm\mathfrak{w} \cdot (r^2 I - \mathfrak{r}\mathfrak{r}) \times \mathfrak{w} = -\sum dm\mathfrak{w} \cdot \mathfrak{r}(\mathfrak{r} \times \mathfrak{w}).$$

Also hat man in der Tat

$$(5) \qquad \mathfrak{w} \cdot \Phi \times \mathfrak{w} = \mathfrak{M}_z.$$

Aus (4) fließen nun die bekannten Eulerschen Gleichungen für ein körperfestes System. Wenn die Hauptachsen zugleich Koordinatenachsen $\xi\eta\zeta$ sind, so erhalten wir

$$\mathfrak{d} \times \mathfrak{L} = w_\eta w_\zeta(\Theta_3 - \Theta_2)\mathfrak{i} + w_\zeta w_\xi(\Theta_1 - \Theta_3)\mathfrak{j} + w_\xi w_\eta(\Theta_2 - \Theta_1)\mathfrak{k}.$$

Daher entstehen folgende Gleichungen:

$$(6) \qquad \begin{cases} \Theta_1 \dot{w}_\xi + w_\eta w_\zeta(\Theta_3 - \Theta_2) = M_\xi \\ \Theta_2 \dot{w}_\eta + w_\zeta w_\xi(\Theta_1 - \Theta_3) = M_\eta \\ \Theta_3 \dot{w}_\zeta + w_\xi w_\eta(\Theta_2 - \Theta_1) = M_\zeta, \end{cases}$$

die wir sogleich anwenden werden.

77. Die Eulerschen Winkel. Um das körperfeste System $\zeta\eta\zeta$ gegen das raumfeste System xyz festzulegen, führen wir folgende Winkel ein (vgl. Fig. 46). Die ζ-Achse bilde mit der z-Achse den Winkel ϑ. Die Knotenlinie k, d. h. die Senkrechte auf der z- und ζ-Achse in C, so gerichtet, daß $z\zeta k$ ein Rechtssystem bilden, möge mit der x-Achse den

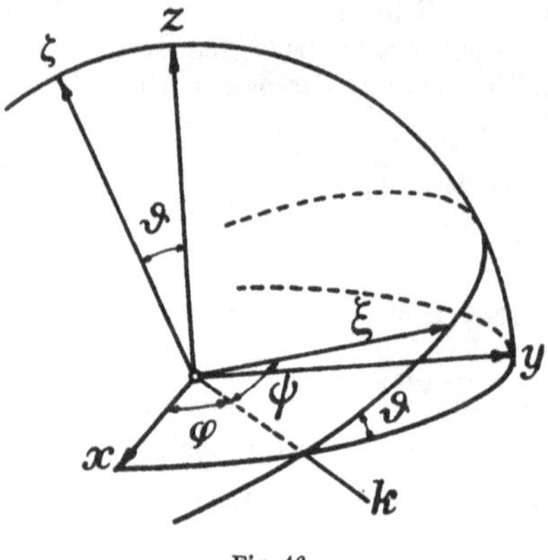

Fig. 46

Winkel φ, mit der ξ-Achse den Winkel ψ einschließen, wobei die Winkelzählung wieder so vorzunehmen ist, daß die Drehung bei wachsenden Winkeln mit den z- bzw. ζ-Achsen je eine Rechtsschraubung bilden (Fig. 46). Wenden wir dann den cos-Satz der sphärischen Trigonometrie auf die Kugeldreiecke $\xi x k$, $\xi y k$, $\xi z k$, $\eta x k$, $\eta y k$, $\eta z k$ usw. an, so erhalten wir z. B.

$$(7)\quad \begin{cases} \cos(x\xi) = \cos\varphi\cos\psi - \sin\varphi\sin\psi\cos\vartheta \\ \cos(y\xi) = \sin\varphi\cos\psi + \cos\varphi\sin\psi\cos\vartheta \end{cases}$$

Die vollständigen Formeln für die cos-Funktionen der Achsenwinkel sind in der nebenstehenden Tabelle zusammengestellt.

(8)

	ξ	η	ζ
x	$\cos\varphi\cos\psi - \sin\varphi\sin\psi\cos\vartheta$	$-\cos\varphi\sin\psi - \sin\varphi\cos\psi\cos\vartheta$	$\sin\varphi\sin\vartheta$
y	$\sin\varphi\cos\psi + \cos\varphi\sin\psi\cos\vartheta$	$-\sin\varphi\sin\psi + \cos\varphi\cos\psi\cos\vartheta$	$-\cos\varphi\sin\vartheta$
z	$\sin\psi\sin\vartheta$	$\cos\psi\sin\vartheta$	$\cos\vartheta$

Wenn der mit $\xi\eta\zeta$ fest verbundene Körper nun eine Drehung $\mathfrak{w}$ ausführt, so kann man diese Geschwindigkeit auf die Richtungen $kz\zeta$ beziehen, zu denen die Einheitsvektoren $\mathfrak{e}_1\mathfrak{e}_2\mathfrak{e}_3$ gehören mögen und daher setzen

$$\mathfrak{w} = \dot\vartheta\mathfrak{e}_1 + \dot\varphi\mathfrak{e}_2 + \quad \mathfrak{e}_3.$$

Um diesen Vektor etwa nach den Achsen x, y, z zu zerlegen, brauchen wir nur mit den Einheitsvektoren $\mathfrak{i}, \mathfrak{j}, \mathfrak{k}$ skalar zu multiplizieren. Nun ist aber nach der Tabelle

$$\begin{array}{lll} \mathfrak{e}_1 \cdot \mathfrak{i} = \cos\varphi; & \mathfrak{e}_2 \cdot \mathfrak{i} = 0; & \mathfrak{e}_3 \cdot \mathfrak{i} = \sin\varphi \sin\vartheta \\ \mathfrak{e}_1 \cdot \mathfrak{j} = \sin\varphi; & \mathfrak{e}_2 \cdot \mathfrak{j} = 0; & \mathfrak{e}_3 \cdot \mathfrak{j} = -\cos\varphi \sin\vartheta \\ \mathfrak{e}_1 \cdot \mathfrak{k} = 0; & \mathfrak{e}_2 \cdot \mathfrak{k} = 1; & \mathfrak{e}_3 \cdot \mathfrak{k} = \cos\vartheta . \end{array}$$

Wir erhalten daher das Formelsystem

$$(9) \qquad \left\{ \begin{array}{l} w_x = \cos\varphi\dot{\vartheta} + \sin\varphi \sin\vartheta\dot{\psi} \\ w_y = \sin\varphi\dot{\vartheta} - \cos\varphi \sin\vartheta\dot{\psi} \\ w_z = \dot{\varphi} + \cos\vartheta\dot{\psi} . \end{array} \right.$$

Ebenso ergibt sich, wenn wir die Werte der Produkte $\mathfrak{e}_1 \cdot \mathfrak{i}'$, $\mathfrak{e}_2 \cdot \mathfrak{i}'$, $\mathfrak{e}_3 \cdot \mathfrak{i}'$ usw. der Tabelle entnehmen, folgendes System der Komponenten in bezug auf die Achse $\xi\eta\zeta$:

$$(10) \qquad \left\{ \begin{array}{l} w_\xi = \cos\psi\dot{\vartheta} + \sin\psi \sin\vartheta\dot{\varphi} \\ w_\eta = -\sin\psi\dot{\vartheta} + \cos\psi \sin\vartheta\dot{\varphi} \\ w_\zeta = \cos\vartheta\dot{\varphi} + \dot{\psi} . \end{array} \right.$$

78. Folgerungen für den kräftefreien Kreisel. Wir wenden die Eulerschen Gleichungen auf den Fall an, daß die äußeren Momente verschwinden, $M_\xi = M_\eta = M_\zeta = 0$ und die Drehkomponenten w_ξ und w_η klein sind gegenüber der Hauptdrehung w_ζ. Dann zeigt die letzte Gleichung 74, (6), daß w_ζ als konstant angesehen werden kann. Setzt man

$$(11) \qquad \frac{w_\zeta(\Theta_3 - \Theta_2)}{\Theta_1} = \alpha; \quad \frac{w_\zeta(\Theta_3 - \Theta_1)}{\Theta_2} = \beta ,$$

so geben die beiden ersten Gleichungen

$$(12) \qquad \dot{w}_\xi = + \alpha w_\eta = 0, \; \dot{w}_\eta - \beta w_\xi = 0.$$

Durch Differentiation folgen weiter

$$(13) \qquad \ddot{w}_\xi + \alpha\beta w_\xi = 0, \; \ddot{w}_\eta + \alpha\beta w_\eta = 0.$$

Die Komponenten w_ξ und w_η genügen also derselben Differentialgleichung. Wenn $\alpha\beta > 0$ ist, erhalten wir für w_ξ und w_η kleine periodische Schwankungen um einen mittleren Wert, d. h. die Drehung w_ζ hat einen stabilen Charakter.

Dieser Fall tritt ein, wie man aus (11) erkennt, wenn $\Theta_3 > \Theta_1$, $\Theta_3 > \Theta_2$ oder $\Theta_3 < \Theta_1$, $\Theta_3 < \Theta_2$ wird. Daraus folgt, wie bereits oben rein geometrisch erkannt wurde, daß die größte und kleinste Hauptachse des Trägheitsellipsoids stabile Drehachsen sind, während die Drehung um die mittlere Achse einen instabilen Charakter hat. Im Falle des Rotationsellipsoids (des symmetrischen kräftefreien oder im Schwerpunkt drehbar aufgehängten Kreisel), wenn also $\Theta_1 = \Theta_2$ ist, ergibt die strenge Gleichung

$$w_\zeta = \text{konst.}$$

und für w_ξ und w_η gelten die Schwingungsgleichungen

$$(14) \qquad \ddot{w}_\xi + \alpha^2 w_\xi = 0, \quad \ddot{w}_\eta + \alpha^2 w_\eta = 0.$$

Als Lösung erhalten wir

$$(15) \qquad w_\xi = w_r \cos(\alpha t + \varepsilon), \quad w_\eta = w_r \sin(\alpha t + \varepsilon).$$

Da also die Projektion von $\mathfrak{w}$ auf die xy-Ebene $w_\xi^2 + w_\eta^2 = w_r^2$ konstant ist, so ist auch der absolute Wert der Winkelgeschwindigkeit $\mathfrak{w}$ konstant. Der Vektor $\mathfrak{w}$ beschreibt daher, wie bereits bekannt, einen Kreiskegel um die Figurenachse des Kreisels. Die Umlaufszeit wird

$$(16) \qquad \tau = \frac{2\pi}{\alpha} = \frac{2\pi}{w_\zeta} \frac{\Theta_1}{|\Theta_3 - \Theta_1|},$$

sie wird um so größer, je geringer der Unterschied der Hauptträgheitsmomente Θ_1 und Θ_3 ist.

Läßt man in den Gleichungen für die Eulerschen Winkel ((8) — (10)) die z-Achse des im Raume festen Systems mit der Schwungachse zusammenfallen, macht also die oben begründete Substitution $\vartheta = \vartheta_0 = \text{konst.}$, so entstehen aus (10) die Gleichungen

$$(17) \qquad \begin{aligned} \sin\psi \sin\vartheta_0 \dot{\varphi} &= w_r \cos(\alpha t + \varepsilon); \\ \cos\psi \sin\vartheta_0 \dot{\varphi} &= w_r \sin(\alpha t + \varepsilon); \\ \dot{\psi} + \dot{\varphi} \cos\vartheta_0 &= w_\zeta. \end{aligned}$$

Aus den ersten beiden Gleichungen folgt

$$(18) \quad \sin\vartheta_0 \dot{\varphi} = w_r; \ \operatorname{tg}\psi = \operatorname{ctg}(\alpha t + \varepsilon); \ \psi = \frac{\pi}{2} - (\alpha t + \varepsilon).$$

Dadurch hat man aus der letzten Gleichung zur Bestimmung des Winkels zwischen Schwungachse und Figuren- oder ζ-Achse

$$(19) \qquad -\alpha + \frac{w_r}{\sin\vartheta_0}\cos\vartheta_0 = w_\zeta,\ \operatorname{tg}\vartheta_0 = \frac{w_r\Theta_1}{w_\zeta\Theta_3}.$$

Der Winkel zwischen Figuren- und Drehachse ist

$$(20) \qquad \operatorname{tg}\chi_1 = \frac{w_r}{w_\zeta}.$$

Für den Fall des gestreckten Poinsot-Ellipsoid ist $\Theta_3 < \Theta_1$. Dann ist $\vartheta_0 > \chi_1$ der Winkel zwischen Drehachse und Schwungachse. Im Falle des abgeplatteten Ellipsoids ($\Theta_3 > \Theta_1$) ist $\chi_2 = \chi_1 - \vartheta_0$. Allgemein haben wir

$$(21) \qquad \operatorname{tg}\chi_2 = w_\zeta w_r \frac{|\Theta_1 - \Theta_3|}{\Theta_1 w_r^2 + \Theta_3 w_\zeta^2}.$$

79. Präzession beim symmetrischen schweren Kreisels. Wir wollen voraussetzen, daß der kreiselartige Körper rotationssymmetrisch in bezug auf die Figurenachse und in einem Punkt C unterstützt sei, und wir stellen uns die Aufgabe, die Bewegung unter dem Einfluß des in S angreifenden Eigengewichts mg des in schnelle Umdrehung versetzten Kreisels zu untersuchen. Die z-Achse des festen Systems falle mit der Lotrechten im Unterstützungspunkt zu-

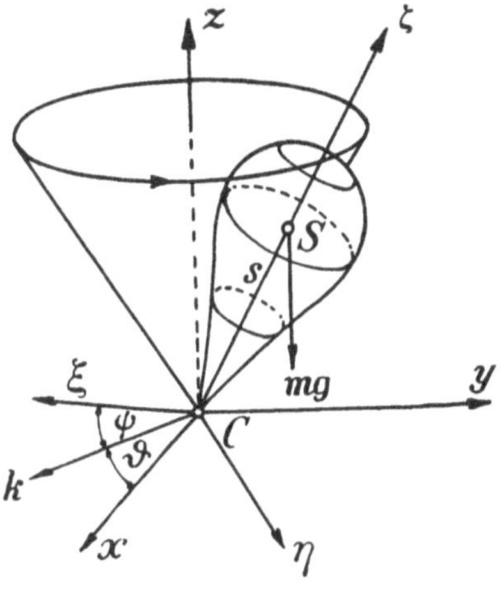

Fig. 47

sammen und die ζ-Achse mit der Figurenachse, die um den Winkel ϑ gegen die z-Achse geneigt ist. Das Moment $\mathfrak{s} \times \mathfrak{G}$ in bezug auf C fällt dann in die Knotenlinie senkrecht zur $z\zeta$-Ebene. Die Eulerschen Gleichungen werden

$$\left.\begin{aligned} &\Theta_1 \dot{w}_\xi + (\Theta_3 - \Theta_1)\, w_\eta w_\zeta = M_\xi = Gs \sin\vartheta \cos\psi \\ (22)\quad &\Theta_1 \dot{w}_\eta + (\Theta_1 - \Theta_3)\, w_\zeta w_\xi = M_\eta = -Gs \sin\vartheta \sin\psi \\ &\Theta_3 \dot{w}_\zeta = 0. \end{aligned}\right\}$$

Von diesen Gleichungen können wir drei Integrale angeben, von denen das erste die Konstanz der Geschwindigkeit w_ζ ausdrückt. Die beiden anderen Integrale sind der direkt zu gewinnende Energiesatz

$$(23)\quad \Theta_1(w_\xi^2 + w_\eta^2) + \Theta_3 w_\zeta^2 = 2\,\mathrm{mg}\, s(\cos\vartheta_1 - \cos\vartheta)$$

und der Flächensatz, der die Konstanz der Schwungkomponente L_z zum Ausdruck bringt. Man erhält bei Benutzung der Tabelle S. 118 ohne weiteres

$$(24)\quad L_z = \Theta_1 \sin\vartheta\,(w_\xi \sin\psi + w_\eta \cos\psi) + \Theta_3 w_\zeta \cos\vartheta = h.$$

Ohne diese Gleichungen weiter zu behandeln, wollen wir hier nur die Frage nach der Bedingung für die partikuläre Lösung $\vartheta = \vartheta_0 =$ konst. untersuchen. In diesem Falle wird nämlich die Figuren- oder Schwungachse des Kreisels eine sog. **reguläre Präzessionsbewegung** ausführen. Die Möglichkeit einer solchen Bewegung ergibt sich schon daraus, daß die elementare Änderung des Schwunges $d\mathfrak{L} = \mathfrak{M}dt = (\mathfrak{s} \times \mathfrak{G})dt$ senkrecht steht zu $\mathfrak{L}$ und $\mathfrak{G}$, also tangential zum Kreise senkrecht zu z durch den Endpunkt von $\mathfrak{L}$ gerichtet ist. Setzen wir nun $\dot{\vartheta} = 0$, $\dot{\psi} = w$, $\dot{\varphi} = w'$ (Präzessionsgeschwindigkeit), so wird nach 77 (10)

$$(25)\quad \begin{gathered} w_\xi = w \sin\vartheta_0 \sin\psi; \quad w_\eta = w' \sin\vartheta_0 \cos\psi; \\ w_\zeta = w + w' \cos\vartheta_0. \end{gathered}$$

Führt man in dem Ausdruck für das Schwerkraftmoment

$$Gs \sin\vartheta_0 = M_\xi \cos\psi - M_\eta \sin\psi$$

die Werte für M_ξ und M_η aus den Eulerschen Gleichungen ein und benutzt für $w_\xi w_\eta w_\zeta$ die Ausdrücke (25), so kommt nach Division mit $\sin\vartheta_0$

$$(26)\quad \begin{aligned} Gs &= \Theta_1 ww' + (\Theta_3 - \Theta_1) w' (w + w' \cos \vartheta_0) \\ &= w'^2 \cos \vartheta_0 (\Theta_3 - \Theta_1) + \Theta_3 w w' \end{aligned}$$

oder

$$(27)\qquad \Theta_3 w' w_\zeta - \Theta_1 w'^2 \cos \vartheta_0 = Gs\,.$$

Das ist die gesuchte Bedingung für das Zustandekommen der regulären Präzession. Man kann aus (27) die Präzessionsgeschwindigkeit $w' = \dot{\varphi}$ berechnen, die zu gegebenen Werten von w_ζ (bzw. w) und ϑ_0 gehören. Es ergibt sich

$$(28)\qquad w' = \frac{w_\zeta \Theta_3 \pm \sqrt{w_\zeta^2 \Theta_3^2 - 4 Gs \Theta_1 \cos \vartheta_0}}{2 \Theta_1 \cos \vartheta_0}\,.$$

Wenn der Kreisel so schnell rotiert, daß

$$(29)\qquad w_\zeta^2 \geqq \frac{4 Gs \Theta_1 \cos \vartheta_0}{\Theta_3^2} \text{ bzw. } w^2 \geqq \frac{4 Gs \cos \vartheta_0 (\Theta_1 - \Theta_3)}{\Theta_3^2}$$

wird, so haben wir zwei oder einen reellen Wert für w'. Im ersten Fall haben wir eine langsame und eine schnelle Präzession zu unterscheiden. Für die langsame erhalten wir mit dem negativen Vorzeichen, wenn wir für die Wurzel angenähert

$$w_\zeta^2 \Theta_3^2 \left(1 - \frac{2 Gs \Theta_1 \cos \vartheta_0}{w_\zeta^2 \Theta_3^2}\right)$$

schreiben, den Näherungswert

$$(30)\qquad w_1' = \frac{Gs}{\Theta_3 w_\zeta} \sim \frac{Gs}{\Theta_3 w}\,,$$

der auch aus der einfachen Vektorgleichung $\mathfrak{w}' \times \mathfrak{L} = \mathfrak{s} \times \mathfrak{G}$ hervorgeht. Für die schnelle Präzession ergibt sich der Näherungswert

$$(31)\qquad w_2' \sim \frac{w_\zeta \Theta_3}{\Theta_1 \cos \vartheta_0} - \frac{Gs}{\Theta_3 w_\zeta} \sim \frac{w \Theta_3}{\cos \vartheta_0 (\Theta_1 - \Theta_3)} - \frac{Gs}{\Theta_3 w}\,.$$

Bei der langsamen Präzession, bei der w' klein ist gegen w_ζ, fallen die Drehrichtung und die Kreiselachse nahezu zusammen, bei der schnellen ist w' von derselben Größenordnung wie w_ζ und beide Richtungen weichen stark voneinander ab. Fallen schließlich beide Wurzeln zusammen, so wird

$$(32)\qquad w_0' = \frac{\Theta_3 w_\zeta}{2 \Theta_1 \cos \vartheta_0}\,.$$

Wenn die oben angegebene Bedingung nicht streng erfüllt ist, wird nur eine sog. pseudoreguläre Präzession entstehen, weil nur die mittlere Bewegung der Figurenachse eine Kegelkreisdrehung darstellt, die in Wirklichkeit, wie im zweiten Band näher auszuführen ist, durch eine überlagerte sog. Nutationsbewegung gestört erscheint, abgesehen von der mit der Zeit eintretenden sonstigen Veränderung.

80. Spezielle Fälle. 1. Kugelkreisel. Dieser Fall liegt vor, wenn alle Hauptträgheitsmomente einander gleich sind. Dann ist

$$Gs = \Theta_3 ww', \tag{33}$$

es ist also nur eine Präzessionsgeschwindigkeit möglich.

2. Denselben Wert für Gs erhält man, wenn man $\vartheta_0 = \frac{\pi}{2}$ setzt. Der Fall ist durch einen Kreisel oder ein Kreiselrad realisiert, dessen Achse anfangs horizontal liegt und bei festgehaltenem Kreiselschwerpunkt eine Verdrehung erfährt.

Bei einer Drehung um $w'dt$ in der Horizontalebene wird die Spitze des vom Beschauer etwa nach rechts zeigende Schwungvektor $\mathfrak{L}$ um ein kleines Stück $Lw'dt$ senkrecht zu $\mathfrak{L}$, wie wir annehmen wollen, nach hinten verhoben. Das aufzuwendende Moment muß der Geschwindigkeit dieser Änderung gleich sein $M = \Theta ww'$ und als Vektor dieselbe Richtung haben, also als ein vertikales in der Figur, im Uhrzeigersinne drehendes Kräftepaar darstellbar sein. Nach dem Gegenwirkungsgesetz muß diesem Moment ein vom Kreisel ausgehendes gleiches und entgegenwirkendes Moment entsprechen (Fig. 48). Der Kreisel sucht sich also immer so zu stellen, daß seine eigene Rotation mit der ihm aufgezwungenen Drehung gleichsinnig wird.

81. Zusammenhang mit den Gesetzen der Relativbewegung. Wir wollen noch kurz nachweisen, daß das in der vorigen Nr. benutzte Kreiselmoment auch aus den Zusatzkräften bei der Relativbewegung abgeleitet werden kann. Ein Punkt des starren Körpers habe relativ zum bewegten Raum die Geschwindigkeit

$$\mathfrak{v}_r = \dot{\mathfrak{d}} + \mathfrak{w}_r \times \mathfrak{s}_r \tag{34}$$

wo $\dot{\mathfrak{d}}$ die Geschwindigkeit eines Punktes D des Körpers, $\mathfrak{s}_r$ den von D aus gezogenen Radiusvektor und $\mathfrak{w}_r$ die Winkelgeschwindigkeit der Drehung um eine Achse durch D bedeuten. Die Führungsbeschleunigung ist wieder nach Nr. 50

$$(35) \qquad \mathfrak{b}_f = \ddot{\mathfrak{c}} + \dot{\mathfrak{w}} \times \mathfrak{s} + \mathfrak{w} \times (\mathfrak{w} \times \mathfrak{s}),$$

wenn $\ddot{\mathfrak{c}}$ die Geschwindigkeit eines Punktes C des bewegten Raumes und $\mathfrak{w}$ die Drehung um eine Achse durch C bezeichnet. Die entsprechende Zusatzkraft $\mathfrak{K}_f = -\Sigma dm\mathfrak{b}_f$ besteht aus drei Teilen, deren letzter, die Zentrifugalkraft den absoluten Wert $(K_f)_3 = \Sigma dm\varrho w^2 = m\varrho_0 w^2$ hat, wenn man den senkrechten Abstand ϱ_0 des Schwerpunktes S des Körpers von der Drehachse $\mathfrak{w}$ einführt. Die Corioliskraft wird

$$(\mathfrak{K})_c = -\Sigma dm\mathfrak{b}_c = -2m\mathfrak{w} \times \dot{\mathfrak{r}}_0 - \Sigma dm 2\mathfrak{w} \times (\mathfrak{w}_r \times \mathfrak{s}_r)$$

oder nach dem Schwerpunktsatz

$$(36) \qquad (\mathfrak{K})_c = -2m\mathfrak{w} \times \dot{\mathfrak{r}}_0 - 2m\mathfrak{w} \times (\mathfrak{w}_r \times \mathfrak{s}_{r0}),$$

wo $\mathfrak{s}_{r0}$ den Radiusvektor DS bedeutet.

Wenn die Drehachse $\mathfrak{w}_r$ durch S geht, so wird, wie man sieht, $(\mathfrak{K})_c = -2m\mathfrak{w} \times \dot{\mathfrak{d}}_0$. Die Corioliskraft hängt also nur von der relativen Translationsgeschwindigkeit des Körpers ab. Rotiert der führende Raum gleichmäßig um eine feste Achse, so ist $\ddot{\mathfrak{c}} = \dot{\mathfrak{w}} = 0$, und es bleiben als Zusatzkräfte nur die Zentrifugalkraft und die Corioliskraft. Wenn $\dot{\mathfrak{r}}_0 = 0$, also die Relativbewegung eine reine Drehung ist, und wenn die Drehachse durch den Schwerpunkt geht, so verschwindet die Corioliskraft.

Als Beispiel betrachten wir wieder einen Kreisel, der um die horizontale Figurenachse eine Drehung $\mathfrak{w}_r$ ausführt, während die Achse durch eine Drehung $\mathfrak{w}$ senkrecht zu $\mathfrak{w}_r$ aus ihrer Lage gebracht wird. Wenn $\mathfrak{w}_r$ die Relativgeschwindigkeit, $\mathfrak{w}$ dagegen die Drehgeschwindigkeit der Führung ist, so fallen, wie man sieht, die Corioliskraft weg; die Zentrifugalkräfte haben eine Resultierende $m\varrho_0 w^2$, die verschwindet, wenn, was angenähert der Fall ist, der Abstand ϱ_0 des Schwerpunktes von der Achse gleich Null ist.

Die Corioliskräfte haben nun aber ein Moment, das leicht angegeben werden kann. Wenn $\mathfrak{w}_r = \mathfrak{w}_z$ in die z-Achse,

$\mathfrak{w}$ in die x-Achse fällt, so ist das Moment durch die Summe

$$(37)\quad M = 2ww_z \sum dm x^2 = ww_z(\Theta_3 + \Theta_2 - \Theta_1) = ww_z\Theta_3$$

dargestellt, wobei wieder Θ_3 das Trägheitsmoment in bezug auf die Figurenachse, $\Theta_1 = \Theta_2$ die Trägheitsmomente um die beiden anderen Hauptachsen bedeuten. Der Ausdruck stimmt aber überein mit dem bereits in Nr. 80 angegebenen Kreiselmoment.

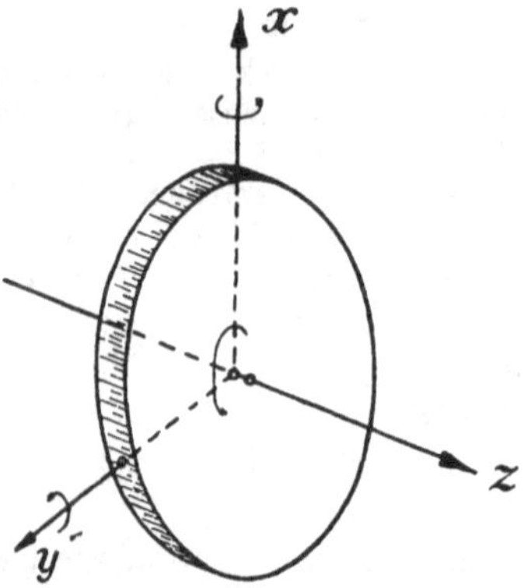

Fig. 48

82. Praktische Bedeutung und Anwendung des Kreisels. Die Kreiselwirkung macht sich besonders in Fahrzeugen mit stark rotierenden Massen geltend. Haben wir z. B. eine an beiden Enden gelagerte Welle, die in der Mitte ein rotierendes Schwungrad (oder Laufrad einer Turbine) trägt, so wird die Drehung $w = w_z$ durch die Steuerbewegung des Fahrzeugs bewirkt, und der Kreisel reagiert mit dem Deviationsmoment $-\mathfrak{M}$, während $\mathfrak{M}$ als Moment der Lagerreaktion erscheint. Bei einer Turbine eines größeren Personendampfers sei die minutliche Drehzahl $n \sim 280$, w also etwa $30\,\mathrm{s}^{-1}$, das Trägheitsmoment des Schwungrades $\Theta = 4200\,\mathrm{kgms}^2$, die Schwunggröße daher $L = 126000\,\mathrm{mkgs}$. Bei einer Winkelgeschwindigkeit der Steuerbewegung $w_x = 0{,}25^{-1}$ ergibt sich als Moment der Kreiselwirkung $M = 25200\,\mathrm{mkg}$. Bei einem Abstand $l = 6\,\mathrm{m}$ der Turbinenlager würde hieraus eine Lagerbeanspruchung von $K = \frac{M}{l} = 2400\,\mathrm{kg}$ sich ergeben.

2. Bei einem Flugzeug mit rechtsdrehenden Propeller würde bei einer Kursabweichung nach rechts ein kopflastiges Kreiselmoment entstehen, das durch eine entsprechende Betätigung des Höhensteuers ausgeglichen werden müßte.

3. Wenn umgekehrt etwa durch den Luftwiderstand der vordere Teil eines mit Rechtsdrall fliegenden Geschosses nach unten gedreht wird, so reagiert das Geschoß als Kreisel mit einem Moment, das die Geschoßachse, vom Ursprung des Schusses aus gesehen, nach links aus der Bahnebene herausdreht. Umgekehrt wird Linksdrall eine Rechtsabweichung hervorrufen.

4. Der Schiffskreisel (O. Schlick) dreht sich um eine vertikale Achse, die in einem um eine horizontale Querachse drehbar gelagerten Rahmen aufgehängt ist. Das Prinzip dieser Vorrichtung, das später im zweiten Teil ausführlich begründet werden soll, ist darin ausgesprochen, daß die Energie der Rolldrehung des Schiffes (um die Längsachse) sich auf den Kreisel überträgt und durch starke Dämpfung der Rahmenbewegung dafür gesorgt wird, daß bei der rückgängigen Bewegung diese Energie nicht wieder an das Schiff zurückgeht, sondern vernichtet wird. Dadurch wird es möglich, den Kreisel zur Stabilisierung der Schiffsschwankungen zu verwenden.

Auf die weiteren Anwendungen des Kreisels zur Orientierung, d. h. als richtunggebendes Instrument (Gyroskop, Gyrostat, Kompaßkreisel) kann an dieser Stelle nicht weiter eingegangen werden.

5. Die Erde kann als ein nahezu symmetrischer Kreisel angesehen werden, dessen Figurenachse mit der Drehachse zusammenfällt. Wegen des polseitigen Abplattung der Erdgestalt und der Neigung der Drehachse gegen die Ekliptikachse erfährt die Erde durch die Anziehung der Sonne besonders in der Solstitialstellung ein Moment, das jene beiden Achsen parallel zu stellen sucht. Die Folge ist, ähnlich wie beim schweren Kreisel, daß der Erdkreisel im Mittel eine langsame Präzessionsbewegung um die Ekliptikachse ausführt, durch welche die Äquinoktialpunkte (der Tag- und Nachgleiche) jährlich um etwa 50 Bogensekunden der scheinbaren jährlichen Sonnenbewegung entgegenwandern, also in etwa 26000 Jahren einen vollen Umlauf um die Ekliptik ausführen. Wegen der Mitwirkung des Mondes und der periodischen Veränderlichkeit der beiden, von Sonne und Mond herrührenden Attraktionskraft muß auch die Präzessionsbewegung der Erdachse periodischen Schwankungen unterworfen sein, die noch eine weitere Komplikation erfahren durch die Schiefe der Mondbahn gegen die Ekliptik.

Sachverzeichnis

Vektoranalysis. Von S. Valentiner. 7., wesentl. veränderte Aufl. Mit 19 Fig. 138 S. 1950 . . . . Bd. 354

Geschichte der Chemie. Von G. Lockemann. Bd. I: Vom Altertum bis zur Entdeckung des Sauerstoffs. Mit 8 Bildnissen. 142 S. 1950 . . . . Bd. 264

Allgemeine und physikalische Chemie. Von W. Schulze.
I. Teil: 3., durchgesehene Aufl. Mit 22 Fig. 146 S. 1949 Bd. 71
II. Teil: 3., durchgesehene Aufl. Mit 36 Fig. 160 S. 1949 Bd. 698

Physikalisch-Chemische Rechenaufgaben. Von E. Asmus. 2. Aufl. 96 S. 1949 . . . . Bd. 445

Anorganische Chemie. Von W. Klemm. 7. Aufl. Mit 18 Abb. 184 S. 1952 . . . . Bd. 37

Thermochemie. Von W. A. Roth. 3. Aufl. Mit 16 Fig. 109 S. 1952. In Vorbereitung . . . . Bd. 1057

Stöchiometrische Aufgabensammlung. Mit den Ergebnissen. Von W. Bahrdt und R. Scheer. 5., verbess. Aufl. Mit 120 S. 1952 . . . . Bd. 452

Organische Chemie. Von W. Schlenk. 5., verbess. Aufl. Mit 17 Fig. 239 S. 1949 . . . . Bd. 38

Analytische Chemie. Von J. Hoppe. I.: Reaktionen. 5., verbesserte Aufl. 135 S. 1950 . . . . Bd. 247
II.: Gang der qualitativen Analyse. 5., verbesserte Aufl. 168 S. 1950 . . . . Bd. 248

Elektrochemie und ihre physikalisch-chemischen Grundlagen. Von A. Dassler. Bd. I: Mit 21 Abb. 149 S. 1950 Bd. 252
Bd. II: Mit 17 Abb. 178 S. 1950 . . . . Bd. 253

Warenkunde. Von K. Hassak und E. Beutel. 7. Auflage, neu bearbeitet von A. Kutzelnigg. Bd. I. Anorganische Waren sowie Kohle und Erdöl. Mit 19 Fig. 116 S. 1947 Bd. 222
Bd. II. Organische Waren. Mit 32 Fig. 143 S. 1949 Bd. 223

Die Fette und Öle. Von K. Braun. 5. vollständig neubearb. und verbess. Aufl. von Th. Klug. 145 S. 1950 . . . . . Bd. 335

Naturwissenschaften / Biologie / Botanik / Zoologie Land- und Forstwirtschaft

Hormone. Von G. Koller. 2. Aufl. Mit 60 Abb. und 19 Tab. 187 S. 1949 . . . . Bd. 1141

Geschlecht und Geschlechtsbestimmung im Tier- und Pflanzenreich. Von M. Hartmann. 2. Aufl. Mit 62 Abb. 155 S. 1951 . . . . Bd. 1127

Fortpflanzung im Tier- und Pflanzenreich. Von J. Hämmerling. 2., ergänzte Aufl. Mit 101 Abb. 135 S. 1951 . . Bd. 1138

Grundriß der allgemeinen Mikrobiologie. Von W. Schwartz.
Bd. I: Mit 17 Abb. 104 S. 1949 . . . . Bd. 1155
Bd. II: Mit 12 Abb. 93 S. 1949 . . . . Bd. 1157

Symbiose der Tiere mit pflanzlichen Mikroorganismen. Von P. Buchner. 2., verbesserte und vermehrte Aufl. Mit 121 Abb. 130 S. 1949 . . . . Bd. 1128

Entwicklungsgeschichte des Pflanzenreiches. Von H. Heil. 2. Aufl. Mit 94 Abb. und 1 Tab. 138 S. 1950 . . . . . Bd. 1137

Morphologie der Pflanzen. Von L. Geitler. 3. Aufl. Mit 114 Abb. 126 S. 1952. In Vorbereitung . . . . Bd. 141

Pflanzenzüchtung. Von H. Kuckuck. I: Grundzüge der Pflanzenzüchtung. 3., völlig umgearbeitete u. erweiterte Aufl. Mit 22 Abb. 132 S. 1952 . . . . Bd. 1134

Die Laubhölzer. Von F. W. Neger und E. Münch. 3., durchgesehene Aufl., herausgegeben von B. Huber. Mit 63 Fig. und 7 Tab. 142 S. 1950 . . . . Bd. 718

Die Nadelhölzer (Koniferen) und übrigen Gymnospermen. Von F. W. Neger und E. Münch. 4., durchges. u. ergänzte Aufl., herausgegeb. von B. Huber. Mit 75 Fig., 5 Tabellen u. 5 Karten. 140 S. 1952 . . . . Bd. 355

Vergleichende Physiologie der Tiere. Von K. Herter. I. Stoff- und Energiewechsel. 3. Aufl. Mit 64 Abb. 155 S. 1950 . . . . Bd. 972

II. Bewegung und Reizerscheinungen. 3. Aufl. Mit 110 Abb. 148 S. 1950 . . . . Bd. 973

Landwirtschaftliche Tierzucht. Die Züchtung und Haltung der landwirtschaftlichen Nutztiere. Von H. Vogel. Mit 11 Abbild. 139 S. 1952 . . . . Bd. 228

Kulturtechnische Bodenverbesserungen. Von O. Fauser. I.: Allgemeines, Entwässerung. 4., neubearbeitete Aufl. Mit 47 Abb. 122 S. 1947 . . . . Bd. 691

II.: Bewässerung, Ödlandkultur, Umlegung. 4., neubearbeitete Aufl. Mit 67 Abb. 150 S. 1948 . . . . . . Bd. 692

Geologie / Mineralogie / Kristallographie

Geologie. Von H. Cloos. 3. Aufl. In Vorbereitung . . . Bd. 13

Mineralogie. Von R. Brauns und K. F. Chudoba. 8., neubearbeitete Aufl. Mit 125 Textfiguren und 9 Abb. auf einer Tafel. 143 S. 1943 . . . . Bd. 29

Petrographie. Von W. Bruhns u. P. Ramdohr. 3., durchgesehene Aufl. Mit 10 Figuren. 117 S. 1949 . . . . . Bd. 173

Kristallographie. Von W. Bruhns und P. Ramdohr. 4. Aufl. 1952 . . . . Bd. 210

Einführung in die Kristalloptik. Von E. Buchwald. 4., verb. Aufl. Mit 121 Fig. 138 S. 1952 . . . . Bd. 619

Lötrohrprobierkunde. Mineraldiagnose mit Lötrohr und Tüpfelreaktion. Von M. Henglein. 3., verbesserte Aufl. Mit 11 Fig. 91 S. 1949 . . . . Bd. 483

Ingenieurwissenschaften

Allgemeines / Maschinenbau / Hoch- und Tiefbau Elektrotechnik / Wasserbau

Technische Tabellen und Formeln. Von W. Müller. 4., überarbeitete Aufl. Von E. Schulze. Mit 105 Fig. 152 S. 1951 Bd. 579

Dynamik. Von W. Müller. I.: Dynamik des Einzelkörpers. 2., verbesserte Aufl. Mit 70 Fig. 160 S. 1952 . . . . Bd. 902

II.: Systeme von starren Körpern. 2., verbess. Aufl. Mit 41 Fig. 102 Seiten. 1952 . . . . Bd. 903

Technische Thermodynamik. Von W. Nusselt. I.: Grundlagen. 3., verb. Aufl. Mit 71 Abb. 144 S. 1950 Bd. 1084

II.: Theorie der Wärmekraftmaschinen. Neudruck. Mit 87 Abb. und 32 Zahlentafeln. 144 S. 1951 . . . . . . Bd. 1151

Festigkeitslehre. Von W. Gehler und W. Herberg. I.: Elastizität, Plastizität und Festigkeit der Baustoffe und Bauteile. Durchgesehener u. erweit. Neudruck. Mit 118 Bildern. 159 S. 1952 . . . . Bd. 1144

Metallkunde. Von H. Borchers. I.: Aufbau der Metalle und Legierungen. Mit 2 Tab. und 90 Abb. 2. Aufl. 110 S. 1950 . . . . Bd. 432

II.: Eigenschaften, Grundzüge der Form und Zustandsgebung. Mit 8 Tab., 100 Abb. 2. Aufl. 154 S. 1952 Bd. 433

Getriebelehre. Von P. Grodzinski u. H. Polster. I.: Geometrische Grundlagen. 2. Aufl. Mit 127 Fig. 1952. In Vorbereitung . . . . Bd. 1061

Die Maschinenelemente. Von E. vom Ende. 2., verbesserte Aufl. Mit 173 Fig. und 12 Taf. 159 S. 1950 . . . . . Bd. 3

Das Maschinenzeichnen mit Einführung in das Konstruieren. Von W. Tochtermann.
I.: Das Maschinenzeichnen. 4. Aufl. Mit 77 Taf. 156 S. 1950 Bd. 589
II.: Ausgeführte Konstruktionsbeispiele. 4. Aufl. Mit 58 Taf 130 S. 1950 . . . . Bd. 590

Die Dampfkessel und Feuerungen einschließlich Hilfseinrichtungen in Theorie, Konstruktion und Berechnung. Von W. Marcard. 2. Aufl., neubearbeitet von K. Beck.
I.: Die theoretischen Grundlagen. Wärme, Verbrennung, Wärmeübertragung. Mit 42 Abb. u. 16 Tab. 150 S. 1951 Bd. 9
II.: Dampfkessel. Mit 53 Abb. 147 S. 1952 . . . . . Bd. 521

Gießereitechnik. Von H. Jungbluth. I. Teil: Eisengießerei. Mit 44 Abb. 126 S. 1951 . . . . Bd. 1159

Autogenes Schweißen und Schneiden. Von H. Niese. 5. Aufl., neubearb. von A. Küchler. Mit 71 Fig. 136 S. 1952. In Vorbereitung . . . . Bd. 499

Die wichtigsten Baustoffe des Hoch- und Tiefbaues. Von O. Graf. 3., verbesserte Aufl. Mit 58 Abb. 136 S. 1947 Bd. 984

Baustoffverarbeitung und Baustellenprüfung des Betons. Von A. Kleinlogel. 2., neubearb. u. erweiterte Aufl. Mit 35 Abb. 126 S. 1951 . . . . Bd. 970

Fenster, Türen, Tore aus Holz und Eisen. Von W. Wickop. 3., überarb. und ergänzte Aufl. Mit 96 Abb. 154 S. 1949 Bd. 1092

Heizung und Lüftung. Von J. und W. Körting. I.; Das Wesen und die Berechnung der Heizungs- und Lüftungsanlagen. 8., neubearb. Aufl. Mit 29 Abb. und 18 Zahlentafeln. 140 S. 1951 . . . . Bd. 342
II.: Die Ausführung der Heizungs- u. Lüftungsanlagen. 8. Aufl. 1952. In Vorbereitung . . . . Bd. 343

Die Gleichstrommaschine. Von K. Humburg.
I. Durchgesehener Neudruck. Mit 59 Abb. 102 S. 1949 Bd. 257
II. Durchgesehener Neudruck. Mit 38 Abb. 98 S. 1949 Bd. 881

Die synchrone Maschine. Von K. Humburg. Neudruck. Mit 78 Bildern. 109 S. 1951 . . . . Bd. 1146

Transformatoren. Von W. Schäfer. 2. Aufl. Mit 74 Abb. 128 S. 1949 . . . . Bd. 952

Die komplexe Berechnung von Wechselstromschaltungen. Von H. H. Meinke. Mit 114 Abb. 160 S. 1949 . . . . Bd. 1156

Theoretische Grundlagen zur Berechnung der Schaltgeräte. Von F. Kesselring. 3. Aufl. Mit 92 Abb. 144 S. 1950 . . Bd. 711

Elektromotorische Antriebe. (Grundlagen für die Berechnung.) Von A. Schwaiger. 3., neubearb. Aufl. Mit 34 Abb. 95 S. 1952 . . . . Bd. 827

Überspannungen und Überspannungsschutz. Von G. Frühauf. Durchges. Neudruck. Mit 98 Abb 122 S. 1950 . . . . Bd. 1132

Verkehrswasserbau. Von H. Dehnert. I.: Entwurfsgrundlagen, Flußregelungen. Mit 52 Textabb. 103 S. 1950 Bd. 585
II.: Flußkanalisierungen und Schiffahrtskanäle. Mit 60 Textabb. 94 S. 1950 . . . . Bd. 597
III.: Schleusen und Hebewerke. Mit 70 Textabb. 98 S. 1950 . . . . Bd. 1152

Wehr- und Stauanlagen. Von H. Dehnert. Mit 90 Abb. 134 S. 1952 . . . . Bd. 965

Geisteswissenschaften

Philosophie / Psychologie

Einführung in die Philosophie. Von H. Leisegang. 145 S. 1951 . . . . Bd. 281

Hauptprobleme der Philosophie. Von G. Simmel. 7., unveränderte Auflage. 177 S. 1950 . . . . Bd. 500

Erkenntnistheorie. I Allgemeine Grundlegung. Von G. Kropp. 143 S. 1950 . . . . Bd. 807

Die geistige Situation der Zeit. (1931). Von K. Jaspers. 2., unveränderter Abdruck der im Sommer 1932 bearbeiteten 5. Aufl. 232 S. 1949 . . . . Bd. 1000

Philosophisches Wörterbuch. Von M. Apel. 3., neubearb. Aufl. 260 S. 1950 . . . . Bd. 1031

Therapeutische Psychologie. (Freud, Adler, Jung). Von W. M. Kranefeldt. 2. Aufl. 152 S. 1950 . . . . Bd. 1034

Religionswissenschaften

Jesus. Von M. Dibelius. 2. Aufl. Neudruck. 141 S. 1949. Bd. 1130

Paulus. Von M. Dibelius. Hrsg. und zu Ende geführt von W. G. Kümmel. 155 S. 1951 . . . . Bd. 1160

Musik / Kunst

Systematische Modulation. Von R. Hernried. 2. Aufl. 136 S. 1950 . . . . Bd. 1094

Der polyphone Satz. I. Der cantus-firmus-Satz. Von E. Pepping. 2. Aufl. 223 S. 1950 . . . . Bd. 1148

Die Technik des Klavierspiels. Von K. Schubert. 2. Aufl. 132 S. 1946 . . . . Bd. 1045

Die Musik des 19. Jahrhunderts. Von W. Oehlmann. 180 S. 1952. In Vorbereitung . . . . Bd. 170

Stilkunde. I. Vorzeit, Antike, Mittelalter. Von H. Weigert. 2. Aufl. Mit 94 Abb. 136 S. 1952. In Vorbereitung . . Bd. 80

II. Spätmittelalter und Neuzeit. 2. Aufl. Mit 84 Abb. 147 S. 1952. In Vorbereitung . . . . Bd. 781

Geschichte

Allgemeines / Vor- und Frühgeschichte / Altertum, Mittelalter und Neuzeit / Kulturgeschichte

Einführung in die Geschichtswissenschaft. Von P. Kirn. 2. Aufl. 121 S. 1952 . . . . Bd. 270

Kultur der Urzeit. Bd. I: Die vormetallischen Kulturen. (Die Steinzeiten Europas. Gleichartige Kulturen in anderen Erdteilen.) Von F. Behn. 4. Aufl. Mit 48 Abb. 172 S. 1950 . . . . Bd. 564

Bd. II: Die älteren Metallkulturen. (Der Beginn der Metallbenutzung. Kupfer- und Bronzezeit in Europa, im Orient und Amerika.) 4. Aufl. Mit 67 Abb. 160 S. 1950 . . . . Bd. 565

Bd. III: Die jüngeren Metallkulturen. (Das Eisen als Kulturmetall. Hallstatt- und Latène-Kultur in Europa. Das erste Auftreten des Eisens in den anderen Weltteilen.) 4. Aufl. Mit 60 Abb. 149 S. 1950 . . . . Bd. 566

Vorgeschichte Europas. Von F. Behn. 7. Aufl. Mit 47 Abb. 125 S. 1949 . . . . Bd. 42

Vor- und Frühzeit der Mittelmeerländer. I. Das östliche Mittelmeer. Von J. Wiesner. Mit einer Textabb. und 7 Tafeln. 177 S. 1943 . . . . Bd. 1149
II. Das westliche Mittelmeer. Mit 3 Textabb. und 7 Tafeln. 129 S. 1943 . . . . Bd. 1150

Römische Geschichte. I. Teil: Bis zur Schlacht bei Pydna. Von F. Altheim. 123 S. 1948 . . . . Bd. 19
II. Teil: Bis zur Begründung des Prinzipats. 141 S. 1948 Bd. 677

Zeitrechnung der römischen Kaiserzeit, des Mittelalters und der Neuzeit. Für die Jahre 1—2000 n. Chr. Von H. Lietzmann. 2. Aufl. besorgt d. A. Hofmeister. 126 S. 1952. In Vorbereitung . . . . Bd. 1085

Quellenkunde der deutschen Geschichte im Mittelalter. (Bis zur Mitte des 15. Jahrh.) I. Einleitung. Allgemeiner Teil. Die Zeit der Karolinger. Von K. Jacob. 5. Aufl. 118 S. 1949 . . . . Bd. 279
II. Die Kaiserzeit (911—1250). 4. Aufl. 127 S. 1949 . . Bd. 280
III. Das Spätmittelalter (vom Interregnum bis 1500). Unter Verwendung des Nachlasses von K. Jacob. Herausgegeben von F. Weden. 152 S. 1952 . . . . Bd. 284

Von den Karolingern zu den Staufern. Die altdeutsche Kaiserzeit (900—1250). Von J. Haller. 3. Aufl. Mit 4 Karten. 141 S. 1944 . . . . Bd. 1065

Deutsche Geschichte im Zeitalter der Reformation, der Gegenreformation und des 30 jährigen Krieges. Von F. Hartung. 129 S. 1951 . . . . Bd. 1105

Geschichte Englands. Teil I: bis 1815. Von H. Preller. 3., stark umgearbeitete Auflage. Mit 2 Karten. 135 S. 1952. In Vorbereitung . . . . Bd. 375

Geschichte der Mathematik. I. Von den Anfängen bis zum Auftreten von Fermat und Descartes. Von J. E. Hofmann. 199 S. 1952. In Vorbereitung . . . . Bd. 226

Geschichte der Chemie. Bd. I: Vom Altertum bis zur Entdeckung des Sauerstoffs. Von G. Lockemann. Mit 8 Bildnissen. 142 S. 1950 . . . . Bd. 264

Sprach- und Literaturwissenschaft

Indogermanisch / Germanisch

Indogermanische Sprachwissenschaft. Von H. Krahe. 2. Aufl. 134 S 1948 . . . . Bd. 59

Sanskrit-Grammatik. Von M. Mayrhofer. 89 S. 1952. In Vorbereitung . . . . Bd. 1158

Germanische Sprachwissenschaft. Bd. I: Einleitung und Lautlehre. Von H. Krahe. 2. Aufl. 127 S. 1948 . . . Bd. 238
Bd. II: Formenlehre. 2. Aufl. 140 S. 1948 . . . . Bd. 780

Altnordisches Elementarbuch. Schrifttum, Sprache, Texte mit Übersetzung und Wörterbuch. Von F. Ranke. 2., durchgesehene Aufl. 146 S. 1949 . . . . Bd. 1115

Deutsche Sprache und Literatur

Deutsche Wortkunde. Eine kulturgeschichtliche Betrachtung des deutschen Wortschatzes. Von A. Schirmer. 3. Aufl. 109 S. 1949 . . . . Bd. 929

Deutsches Dichten und Denken von der germanischen bis zur staufischen Zeit. (Deutsche Literaturgeschichte vom 5. bis 13. Jhdt.) Von H. Naumann. 2., verbess. Aufl. 166 S. 1952 . . . . Bd. 1121

Der Nibelunge Nôt. In Auswahl mit kurzem Wörterbuch. Von K. Langosch. 9., umgearbeitete Aufl. 163 S. 1952. In Vorbereitung . . . . Bd. 1

Deutsches Dichten und Denken vom Mittelalter zur Neuzeit. (1270—1700.) Von G. Müller. 2. Aufl. 159 S. 1949 Bd. 1086

Deutsches Dichten und Denken von der Aufklärung bis zum Realismus. (1700—1890.) Von K. Viëtor. 2. Aufl. 156 S. 1949 . . . . Bd. 1096

Englische Sprache / Romanische Sprache und Literatur

Altenglisches Elementarbuch. Einführung, Grammatik. Texte mit Übersetzung und Wörterbuch. Von M. Lehnert. 2., verbesserte und vermehrte Aufl. 176 S. 1950 Bd. 1125

Beowulf. Eine Auswahl mit Einführung, teilweiser Übersetzung, Anmerkungen und etymologischem Wörterbuch. Von M. Lehnert. 2., verbesserte Aufl. 135 S. 1949 Bd. 1135

Italienische Literaturgeschichte. Von K. Voßler. Unveränderter Nachdruck der 1927 erschienenen 4., durchgesehenen und verbesserten Aufl. 148 S. 1948 . . . Bd. 125

Griechisch / Lateinisch

Geschichte der griechischen Sprache. I. Bis zum Ausgang der klassischen Zeit. Von O. Hoffmann. 3., stark umgearbeitete Aufl. von A. Debrunner. 144 S. 1952. In Vorbereitung . . . . Bd. 111

Geschichte der griechischen Literatur. I. Von den Anfängen bis auf Alexander d. Gr. Von W. Nestle. 2., verbesserte Aufl. Neudruck. 148 S. 1950 . . . . Bd. 70

II. Von Alexander d. Gr. bis zum Ausgang der Antike. 2., verbesserte Aufl. 128 S. 1945 . . . . Bd. 557

Geschichte der lateinischen Sprache. Von F. Stolz. 3., stark umgearbeitete Aufl. von A. Debrunner. 136 S. 1952. In Vorbereitung . . . . Bd. 492

Orientalia / Russisch

Sanskrit-Grammatik. Von M. Mayrhofer. 89 S. 1952. In Vorbereitung . . . . Bd. 1158

Hebräische Grammatik. I. Band: Schrift-, Laut- und Formenlehre I. Von G. Beer. 2., völlig umgearb. Aufl. von R. Meyer. 157 S. 1952. In Vorbereitung . . . Bd. 763

Russische Grammatik. Von E. Berneker und M. Vasmer. 6., unveränderte Aufl. 155 S. 1947 . . . . Bd. 66

Erd- und Länderkunde

Kartenkunde. Von M. Eckert-Greifendorff. Durchgesehen von W. Kleffner. 3. Aufl. Mit 63 Abb. 149 S. 1950 . . Bd. 30

Australien und Ozeanien. Von H.-J. Krug. Mit 46 Skizzen. 176 S. 1952. In Vorbereitung . . . . Bd. 319

Wirtschaftswissenschaften / Gesellschaftskunde

Allgemeine Betriebswirtschaftslehre. Von K. Mellerowicz. 3 Bde. I = 142 S., II = 112 S., III = 141 S. 7. Aufl. 1952. . . . . Bd. 1008, 1153, 1154

Soziologie. Geschichte und Hauptprobleme. Von L. v. Wiese. 4. Aufl. 151 S. 1950. . . . . Bd. 101

FSC
www.fsc.org
MIX
Papier | Fördert gute Waldnutzung
FSC® C083411

Kolibri 360 GmbH
Ferdinand-Jühlke-Straße 7
99095 Erfurt, Deutschland
produktsicherheit@kolibri360.de